Das Spannungsfeld von Mündigkeit und Bewertung.

Problemexplikation anhand von Lehrkräfteinterviews

Paul Jacobsen

Das Spannungsfeld von Mündigkeit und Bewertung

Problemexplikation anhand von Lehrkräfteinterviews

Erziehungswissenschaftliche Impulse, Band 10

Diese Publikation entstand in einer ersten Fassung als Masterarbeit am Institut für Erziehungswissenschaft der Universität Münster.

Bibliografische Information der Deutschen Nationalbibliothek:
Die Deutsche Nationalbibliothek verzeichnet diese Publikation in der Deutschen Nationalbibliografie; detaillierte bibliografische Daten sind im Internet über http://dnb.dnb.de abrufbar.

Verlag: BoD • Books on Demand GmbH, In de Tarpen 42, 22848 Norderstedt
Druck: Libri Plureos GmbH, Friedensallee 273, 22763 Hamburg

ISBN: 978-3-7597-5990-0

Vorwort zur Reihe

Impulse sind Antriebe, Anstöße und Anregungen. Als Denkanstöße sind sie im hochschulischen (Arbeits-)Alltag auf vielfältige Weise Ausgangspunkt und zugleich Gegenstand von Wissenschaft. Daraus resultierende Forschungsvorhaben sind zumeist vorerst exklusiv Wissenschaftler*innen vorbehalten.

Leider viel zu selten – hier sei aus der Perspektive der Erziehungswissenschaft gesprochen – wird die Lehre als Forschungsraum verstanden. Gemeint ist damit keineswegs, dass die Studierenden in den Lehrveranstaltungen zu Probanden von Studien werden oder diese evaluieren. Intendiert sind ebenfalls keine Praxisseminare, die z. B. im Rahmen von Lehr-Lern-Laboren den Professionalisierungsprozess von Lehramtsstudierenden forcieren und deren Selbstwirksamkeitsüberzeugungen steigern wollen. Ohne Zweifel haben die skizzierten Settings alle ihre Berechtigung, verbinden die für die Hochschulen elementaren Sphären der Forschung und Lehre jedoch nicht ganzheitlich, weil die Forschung als Prozess nicht im Seminarkonzept inhärent ist, sondern zum spezifischen Inhalt (z. B. Publikationen) wird oder als Additum angesehen werden muss.

Dazu konträr stehen jene Lehrformate, in denen Forschung und Lehre verschmelzen und die Studierenden zu Forschenden werden. Ohne Frage muss der Gehalt studentischer Forschung anders bewertet werden als wissenschaftliche Forschung. Studierende sind Forschungsnovizen, die das Forschen erlernen müssen. Dennoch können aus studentischer Forschung Impulse hervorgehen. Für Dozierende ist die hochschuldidaktische Gestaltung von „Forschungsseminaren" eine polyvalente Herausforderung, gilt es doch eine wissenschaftstheoretische und methodologische Basis zu schaffen und die (Forschungs)Interessen aller Teilnehmenden zu berücksichtigen. Das Anliegen stößt zudem nicht selten auf administrative Hürden, da solche Formate nicht immer mit Studienordnungen kompatibel sind. Studentische Abschlussarbeiten – in Zeiten der Internationalisierung des Studiums vor allem Bachelor- und Masterarbeiten – haben das Potential, ausgehend von den Interessen der Studierenden zu kleinen Forschungsvorhaben zu werden. Die Studierenden bearbeiten über einen Zeitraum von mehreren Monaten selbstständig eine Fragestellung und erschließen sich Forschungsmethoden und Diskurse mit dem Ziel, ihre Ergebnisse in einen Kontext zu stellen. Dabei behandeln sie Themen, die für wissenschaftliche Forschung zu partikular sind. Nicht selten wird mit ihnen neues Wissen generiert, aus dem sich wiederum Möglichkeiten für sich anschließende wissenschaftliche Forschung ergeben können oder die Abschlussarbeiten sind bereits die Weiterentwicklung eines vorausgegangenen Studienprojektes aus dem Praxissemester.

Die Reihe *Erziehungswissenschaftliche Impulse* setzt es sich zum Ziel, exzeptioneller studentischer Forschung ein Forum zu bieten. Anker sind neben der Bedeutung des Gegenstandes und der gewählten Herangehensweise auch Anerkennung und Wertschätzung der Leistung. Dabei sollen die veröffentlichten Arbeiten auch als Impuls, das heißt als Anregung verstanden werden, die erwähnten partikularen Themen aufzugreifen und weitere Forschung (vor-)an-zutreiben.

Münster, im Sommer 2024
Patrick Gollub

Inhaltsverzeichnis

Abbildungsverzeichnis

1. Einleitung

Lehrkräfte sind in der Schule mit vielfältigen Aufgaben konfrontiert – sie unterrichten, beraten, erziehen, beurteilen – und müssen sich mitunter in widersprüchlichen Anforderungen behaupten. Schaut man auf die Funktionen von Bildungssystemen nach Fend (2009) – Enkulturation, Qualifikation, Allokation und Integration – hat die Gesellschaft die Lehrkräfte als jene Auserwählte auserkoren, die diese Funktionen an vorderster Front umsetzen sollen. Ergeben sich den Lehrkräften aus den Aufgaben Widersprüche, so stellen sie sich ihnen unmittelbar in ihrem Arbeitsalltag und führen zu Handlungsproblemen.

Die vorliegende Arbeit widmet sich dem bisher wenig Beachtung geschenkten Spannungsverhältnis zwischen Bewertung und Mündigkeitserziehung. Die Bewertung von Schüler*innenleistung stellt nach der Bremer Erklärung (2000) eine zentrale Aufgabe von Lehrkräften in der Schule dar (vgl. KMK, 2000). Dabei geht es zum einen um die vielfältigen formativen Zielsetzungen von Leistungsbewertung, wie die Diagnostik, das lernwirksame Feedback, die Planung zukünftigen Unterrichts und die individuelle Förderung (vgl. Hesse & Latzko, 2017, S. 58). Andererseits sind Lehrkräfte an deutschen Schulen aber auch beauftragt, mit summativen Bewertungen die gesellschaftlich geforderte Selektion und Vergabe von Berechtigungen für bestimmte Berufswege durchzusetzen (vgl. Fend, 2009). Als eine weitere zentrale Aufgabe sind Lehrkräfte als Teil ihres Bildungsauftrages mit der Erziehung zur Mündigkeit beauftragt, dessen Ausbildung in der Gesellschaft von einem der verbreitetsten Referenzautoren Theodor W. Adorno als Demokratieversicherung und „allererste [Forderung] an Erziehung" (Adorno, 1971, S. 88) proklamiert wurde. Folgt man dem Verständnis von Adorno, dann bedeutet Mündigkeit das Aufgeklärtsein „über jene gesellschaftlichen Verhältnisse, Zusammenhänge und Mechanismen, die die Menschen in Unmündigkeit halten" (Fabel-Lamla, 2006, S. 85), die Fähigkeit zu kritischer Selbstreflexion und die Kraft zur Selbstbestimmung und zum Nicht-Mitmachen (vgl. Adorno, 1971, S. 93). Die Erziehung zur Mündigkeit steht – das ist die These der vorliegenden Arbeit – in einem antinomischen Verhältnis zur summativen Bewertungsaufgabe. Für Antinomien gelten dabei nach Helsper (2021) bezogen auf Bildungs- und Erziehungsprozesse, „dass für das professionelle pädagogische Handeln widerstreitende Orientierungen vorliegen, die entweder beide Gültigkeit beanspruchen können oder die nicht aufzuheben sind" (ebd., S. 168). Ziel dieser Arbeit ist eine explorative Untersuchung der Deutungen, Begründungszusammenhänge und Hintergrundüberzeugungen, mit denen sich Lehrkräfte in dem Spannungsverhältnis von Bewertung und Mündigkeitserziehung behaupten. Welche Strategien nutzen Lehrkräfte, um dem Spannungsfeld gerecht zu werden, lassen sich darin bestimmte Muster identifizieren und wie sind diese in Hinblick auf theoretische Überlegungen zu bewerten?

Nach einer Verortung des Spannungsfeldes in den Aufgaben von Lehrkräften und den Funktionen von Schule (Kapitel 2) geben die folgenden Kapitel drei und vier einen Überblick über die dieser Arbeit zugrundeliegenden Aufgaben von Lehrkräften zur Bewertung (Kapitel 3) und zur Mündigkeitserziehung (Kapitel 4). In Kapitel drei werden zunächst historisch bedeutsame Entwicklungen der Bewertungspraxis dargestellt (3.1 und 3.2) und anschließend die aktuellen Bewertungsvorgaben und -realitäten in Deutschland genauer beleuchtet (3.3). Abschließend wird auf einschlägige wissenschaftliche Kontroversen um das schulische Leistungsprinzip und die Leistungsbeurteilung eingegangen (3.4). Das Kapitel vier fokussiert zunächst einleitend den Mündigkeitsbegriff, betrachtet die grundsätzliche Frage um die Durchführbarkeit von Mündigkeitserziehung in der Schule (4.1) und setzt den Begriff *Mündigkeit* mit den Begriffen *Bildung* und *Kritik* in Beziehung (4.2). Anschließend werden die Mündigkeitsverständnisse der kritischen Erziehungswissenschaft, Demokratiepädagogik und politischen Bildung genauer beleuchtet (4.3). Den Abschluss bildet ein Blick auf die Vorgaben und Realitäten der Mündigkeitserziehung in deutschen Schulen (4.4). Kapitel fünf widmet sich dann der Betrachtung des antinomischen Spannungsfeldes von Bewertung und Mündigkeitserziehung. Nach einer einleitenden Definition von Antinomien und ihrer Rolle für das vorliegende Spannungsfeld werden verschiedene Positionen zum Spannungsfeld von Bewertung und Mündigkeit aus der Literatur präsentiert und eingeordnet (5.1) und die Referenzstudie dieser Arbeit vorgestellt (5.2). Kapitel sechs präsentiert dann das Verfahren und die Methodik dieser Studie. In Kapitel sieben, *Vorstellung der Untersuchungsergebnisse*, werden für alle acht Lehrkräfteinterviews Einzelfallanalysen dargelegt (7.1) und die Lehrkräfte in einer komparativen Analyse in einem Koordinatensystem verortet (7.2). Die Analyseergebnisse werden in Kapitel acht diskutiert und abschließend mit Blick auf die Forschungsfrage resümiert (Kapitel 9).

2. Aufgaben von Lehrkräften und Funktionen von Schule

Das Spannungsverhältnis von Bewertung und Mündigkeitserziehung kann in zwei zentralen Aufgaben von Lehrkräften verortet werden, die in der Bremer Erklärung (2000) auf Beschluss der Kultusministerkonferenz festgehalten wurden (vgl. KMK, 2000). Das ist zum einen die Beurteilungsaufgabe „im Unterricht und bei der Vergabe von Berechtigungen" (ebd., S. 3) und zum anderen die Erziehungsaufgabe als „bewusste und absichtsvolle Einflussnahme auf die Persönlichkeitsentwicklung [zur Evokation] positive[r] Wertorientierungen, Haltungen und Handlungen" (ebd.). Die Aufgaben von Lehrkräften sind Produkt der der Schule zugeschriebenen individuellen und gesellschaftlichen Funktionen, die bei Fend (z. B. 1980, 2006, 2009) zusammengetragen sind. Nach Fend (2009) sind Schulen Einrichtungen zur Lösung gesellschaftlicher Probleme mithilfe sozialisatorischer Maßnahmen im „Spannungsfeld von menschlicher ‚Unfertigkeit' und den komplexen Notwendigkeiten sozialen Lebens" (S. 43). Er (ebd., S. 44) schreibt der Schule eine Doppelfunktion aus gesellschaftlicher Reproduktion und Innovation (gesellschaftliche Funktionen) und Persönlichkeitsentwicklung (individuelle Funktionen) zu. Das untersuchte Spannungsfeld von Mündigkeitserziehung und Bewertung kann in dieser Doppelfunktion verortet werden, denn die gesellschaftliche Allokationsfunktion, die mit Prüfungen und Berechtigungen durchgesetzt wird, konstituiert die summative Bewertungsaufgabe und die gesellschaftliche und individuelle Enkulturations- und Integrationsfunktion erfüllt in Demokratien die Ausbildung von Mündigkeit (vgl. Abbildung 1).

Abbildung 1

Funktionsschema des Zusammenhangs von Schule und Gesellschaft (vgl. Fend, 2009, S. 47)

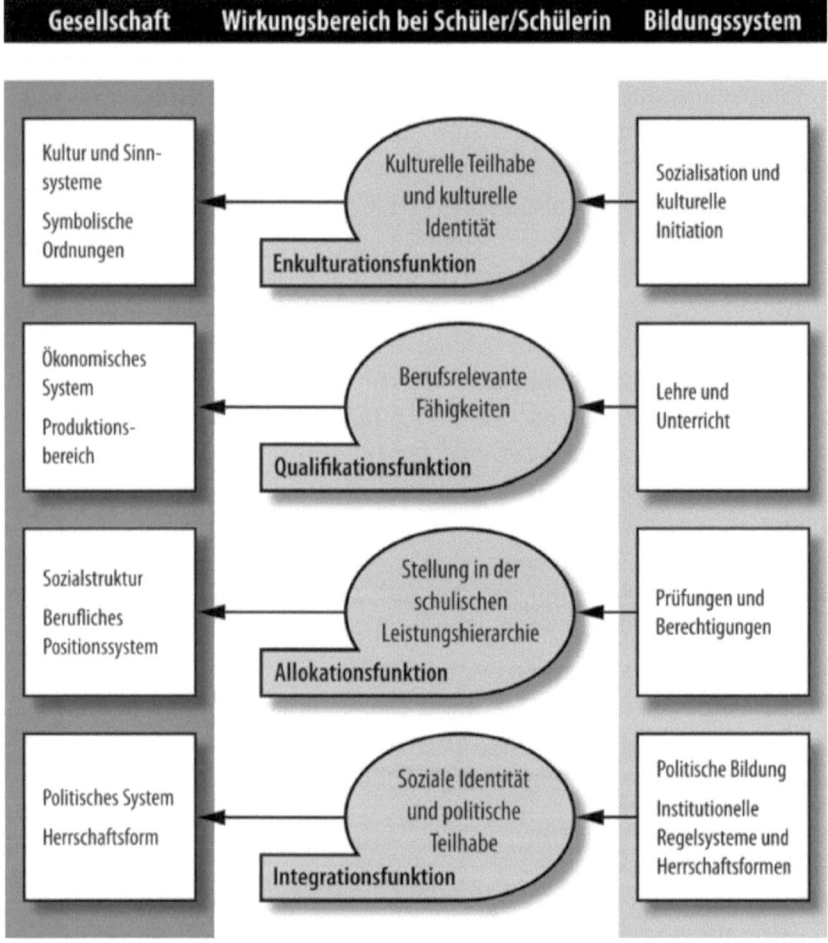

3. Bewertung von Schüler*innenleistung

Der Begriff der Leistungsbewertung bedarf in dieser Arbeit gleich einer doppelten Begriffspräzision. Die erste Präzision betrifft den Bestandteil der *Leistung. Leistung* bzw. das *Leistungsprinzip* gilt als Grundlage der Bewertungspraxis an deutschen Schulen: Es gehört nach Fauser (2010) zu den „grundlegenden normativen Bewegungsbegriffen, Analyseinstrumenten und Organisationskonzepten, mit denen moderne Gesellschaften und erst recht Demokratien ihr Entwicklungspotential zu steigern suchen" (S. 61). Fausers Definition zeigt dreierlei. Erstens ist das Leistungsprinzip *normativ*. Argumentiert man mit der Definition von Nerowski (2018), der Leistung als „bewertete Handlung" (S. 243) versteht, wird deutlich, dass Leistung keine natürliche Konstante, sondern eine wertende gesellschaftliche Festlegung ist, die nach nahezu beliebigen Wertvorstellungen konstruiert und potenziell jeder Handlung zugeschrieben werden kann. Zweitens ist das Leistungsprinzip ein Instrument zur Steigerung des *gesellschaftlichen* Entwicklungspotentials. Der schulische Leistungsbegriff ist primär ökonomisch-politisch generiert und nicht „genuin pädagogischer Natur" (Klafki, 1991, S. 219, hierzu mehr in Kapitel 3.1). Und drittens ist das Leistungsprinzip ein Organisationskonzept *moderner* Gesellschaften, das aus den Idealen der französischen Aufklärung geboren und in der Entwicklung von vorindustriellen zu industriellen Gesellschaften notwendig wurde (vgl. Bolte, 1979, S. 17-19; hierzu mehr in Kapitel 3.1).

Einer zweiten Präzision bedarf es bezüglich des Begriffes der *Bewertung*. In der Einleitung wurde erwähnt, dass Bewertung in der Schule unterschiedlichen Zwecken dient und dabei hinsichtlich einer formativen oder summativen Motivation unterschieden werden kann. Eine formative Bewertung zielt primär auf diagnostische Informationen ab und wird auch als *assessment for learning* bezeichnet (vgl. Broadfoot et al., 1999; Andrade & Cizek, 2010). Formative Bewertungen werden üblicherweise im Verlauf einer Lern- oder Unterrichtseinheit durchgeführt und haben das Ziel, Stärken und Schwächen von

Schüler*innen zu ermitteln, Lehrkräfte bei der Abstimmung des weiteren Unterrichts auf die Schüler*innen zu unterstützen und das Lernen zu verbessern (vgl. Cizek, 2010, S. 4). Eine summative Bewertung hingegen, auch *assessment of learning,* wird in der Regel am Ende einer Unterrichtseinheit durchgeführt und hat das Ziel, ein Leistungsmaß zu erhalten, um daraus Entscheidungen über Noten, Versetzungen und Zertifikate zu treffen (vgl. ebd., S. 3; Schmidinger et al., 2016, S. 61; Broadfoot et al., 1999). Sie dient vornehmlich den gesellschaftlichen Leistungsbewertungsfunktionen der Allokation und Selektion (vgl. Krüll, 2023, S. 63; Heritage, 2011, S. 2). Für die vorliegende Arbeit wird davon ausgegangen, dass sich für die Lehrkräfte ein Spannungsverhältnis insbesondere zwischen der *summativen* Bewertungsaufgabe und der Aufgabe zur Mündigkeitserziehung konstituiert. Daher wird die Bewertungsaufgabe in der gesamten Arbeit, sofern nicht anders präzisiert, explizit in seiner *summativen* Bedeutung betrachtet, ohne jedoch zu vernachlässigen, dass Bewertungen auch formativ durchgeführt werden können.

Zuletzt soll festgehalten werden, dass der Begriff *Bewertung* in dieser Arbeit dem Begriff *Beurteilung* vorgezogen wird, da *Leistungsbeurteilung* als Oberbegriff für die Beschreibung und Bewertung von Leistungen verstanden wird (vgl. Brüggelmann, 2014, S. VIII) und in dieser Arbeit insbesondere der *Bewertungs*aspekt im Vordergrund stehen soll.

3.1 Die historische Entwicklung der Bewertungspraxis in Deutschland

Die Bewertungspraxis im deutschen[1] Bildungswesen reicht bis ins Mittelalter zurück. Ab dem 16. Jahrhundert wurden fakultative Benefi-

---

[1] Es kann bis ins 19. Jahrhundert nur sehr eingeschränkt von einem ‚deutschen' Bildungswesen gesprochen werden, da die Territorien des späteren deutschen Nationalstaates von unabhängigen Fürstentümern regiert wurden (vgl. Schneider & Toyka-Seid, o. J.).

zienzeugnisse für Stipendiate ausgestellt und sechsstufige Skalen zur Bewertung angelegt (vgl. Ziegenspeck, 1999, S. 68-72; Sacher, 2014, S. 20). Angetrieben wurde der leistungsbasierte Bewertungs- und Berechtigungsanspruch letztendlich aus den Idealen der französischen Aufklärung, den Bestrebungen des erstarkten Wirtschaftsbürgertums und den Dynamiken der Moderne, nämlich, dass Leistung als Grundlage des Berechtigungswesens dienen solle, anstelle standesbezogener und geburtsabhängiger Selektion (vgl. Bolte, 1979, S. 18-19). Noten, Berichte und Zeugnisse können daher als ein „Produkt der Aufklärung" (Beutel & Beutel, 2010, S. 9) gesehen werden. Der Schulabschluss wurde zunehmend zu der zentralen Berechtigungsinstanz für spätere Berufswege, beginnend im höheren Schulwesen im 19. Jahrhundert mit dem gymnasialen Reifezeugnis für gehobene Tätigkeiten (vgl. Ziegenspeck, 1999, S. 68-72; Sacher, 2014, S. 20). Hierbei spielten machtpolitische Überlegungen im Nachhall der revolutionären Unruhen des Vormärz eine zentrale Rolle, primär um die „Kontrolle des Verhaltens und der Gesinnung der Studienanwärter" (Sacher, 2014, S. 21) sicherzustellen. Im niederen Schulwesen dienten Volksschulabgangszeugnisse zunächst eher der Kontrolle der Schulpflicht (vgl. ebd., S. 20). Ein Beurteilungs- und Berechtigungscharakter erhielt das Zeugnis flächendeckend erst 1920 mit der Einführung der gemeinsamen Grundschule, die gleichsam auch mit der Selektionsentscheidung für den weiteren (höheren) Bildungsweg betraut wurde (vgl. Kraul, 1995). Mit der Einführung von Jahrgangsklassen bekamen dann auch periodische Zeugnisse Einzug in das Schulwesen (vgl. Streckeisen et al., 2007, S. 19). 1938 wurden im Dritten Reich einheitlich die bis heute verbreiteten sechs Leistungsstufen eingeführt und 1954 für Westdeutschland übernommen (vgl. Neumayer, 2017).

Ingenkamp (1989) resümiert, dass „die Einführung des Zensurensystems […] eine politische Maßnahme [war]. Die Schule hatte nicht mehr nur zu erziehen und zu unterrichten, sie hatte auch Berechtigungen zu vergeben. Diese Doppelfunktion hat unser Bildungssystem belastet und seine Rückmeldungspraktiken aus pädagogischer Sicht deformiert" (S. 96). Kritik dieser Art formierte sich auch schon kurz nach

Einführung des Zensurensystems in Deutschland und es entstand eine heterogene reformpädagogische Bewegung, die in der Ablehnung von Ziffernzensuren einen gemeinsamen Nenner fand (vgl. Brüggelmann, 2014, S. 8; Link, 2017, S. 16-20).

3.2 Die Entwicklung des Schul- und Bewertungssystems in NRW ab 1945

Die vorliegende Arbeit fokussiert nachfolgend die Entwicklung der Bewertungspraxis des Bundeslandes Nordrhein-Westfalen (NRW), in dem die in dieser Studie interviewten Lehrkräfte unterrichten. Als erste große Umstrukturierung des Schulsystems in NRW gelten die Reformen nach der diagnostizierten deutschen *Bildungskatastrophe* in den 1960ern, in dessen Zuge die Volksschulen aufgelöst, die neue Schulform Hauptschule eingeführt und die ersten Gesamtschulen in NRW etabliert wurden (vgl. Land NRW, 2019; Volmer 2011, S. 9). Als weiterer Systemschock gelten die unterdurchschnittlichen Leistungen des im OECD-Raum durchgeführten ersten internationalen PISA-Tests von 2000, der Deutschland zudem einen besonders hohen Zusammenhang zwischen sozialer Herkunft und Bildungserfolg diagnostizierte (vgl. OECD, o. J.). Sie eröffneten unter dem Schlagwort *PISA-Schock* eine breite Diskussion um die Leistungsfähigkeit und generelle Gerechtigkeit des deutschen Schulwesens. In der Folge wurden nationale Bildungsstandards eingeführt und der Kompetenzbegriff in das Zentrum bildungspolitischer Bemühungen gestellt (vgl. ebd.; Eder, 2021, S. 150). Inwiefern sich die kürzlich veröffentlichte PISA-Erhebung 2022 und der darin diagnostizierte starke Leistungsabfall auswirkt, kann noch nicht eingeschätzt werden (vgl. OECD, 2023). 2006 befeuerte zudem ein Bericht des UN-Sonderberichterstatters Vernor Muñoz die Kontroverse um die deutsche Bildungsgerechtigkeit, in dem er das hochselektive gegliederte Schulsystem und die „Marginalisierung von Schulkindern, besonders mit Einwanderungsgeschichte oder mit Behinderungen" (übersetzt aus Muñoz, 2006, S. 21) kritisierte.

In NRW trat im Jahr 2005 das Schulgesetz NRW in Kraft, das sogleich durch eine Novelle zum Erhalt der Hauptschulen und des geglie-

derten Schulwesens, sowie zur Verbindlichmachung der Schulform-
empfehlungen der Grundschule die Selektivität des Schulsystems
stärkte (vgl. Volmer, 2011, S. 96; SchulG, 2005). Entwicklungen der
frühen 2010er Jahre führten jedoch wieder zu einer Abschwächung
der Selektivität des nordrhein-westfälischen Schulsystems. Zum Schul-
jahr 2011/2012 beschloss die Landesregierung die Aufhebung der ver-
bindlichen Schulformempfehlung (vgl. Borns, 2018; Volmer, 2011) und
einen „Wegfall der Verfassungsgarantie für Hauptschulen" (Bernhard,
2018). Die Ermöglichung von Gemeinschaftsschulen (mittlerweile Ge-
samt- oder Sekundarschulen) beschleunigte den Rückgang nordrhein-
westfälischer Hauptschulen von rund 800 (1994/95) auf 150 (2018)
(vgl. MfSB-NRW [Ministerium für Schule und Bildung des Landes
NRW], o. J.a).

Die Bewertungspraxis an deutschen und nordrhein-westfälischen
Schulen war vor allem in den 1970ern Gegenstand verschiedener re-
formpädagogischer Bemühungen, die unter anderem auch auf eine
Ablösung der Ziffernnoten abzielten (vgl. Brüggelmann, 2014, S. 8;
Beutel, 2005, S. 41). In den Grundschulen ist der notenfreie Raum in
dieser Zeit schrittweise erweitert worden, sodass unter anderem 1977
Verbalzeugnisse eingeführt wurden (vgl. Brüggelmann, 2006, S. 21;
Scheerer et al., 1985, S. 176). In den Jahren darauf verblasste die Re-
formeuphorie jedoch zunehmend und alternative Bewertungspraktiken wurden, besonders in den 2000er-Jahren, wieder deutlich einge-
grenzt (vgl. Beutel, S.-I., 2010, S. 45). Der Beginn des neuen Jahrtau-
sends leitete eher ein Mehr an Diagnostik und Bewertung ein: Flä-
chendeckende Lernstandserhebungen kamen erstmals 2008 auf Beschluss der Kultusministerkonferenz (KMK) in den Fächern Mathematik
und Deutsch in der dritten Jahrgangsstufe zum Einsatz (vgl. Beutel, S.-
I., 2010, S. 46). Das von 2009 bis 2010 im Auftrag des Ministeriums für
Schule und Bildung des Landes NRW an vier Grundschulen durchge-
führte Projekt *Leistungsbeurteilung ohne Ziffernzeugnisse* (LUZI) leitete
wiederum eine Wende ein (vgl. Bos et al., 2010). Die erfolgreiche Bilanzierung wurde Anlass, den Grundschulen größeren Handlungsspiel-
raum bei der Entscheidung für oder wider Noten zu eröffnen (vgl.

MfSB-NRW, 2012). Stand Januar 2024 erhalten nordrhein-westfälische Grundschulkinder nach Maßgabe der Schulkonferenz frühestens am Ende der zweiten Klasse und spätestens am Ende der vierten Klasse erstmalig Notenzeugnisse (vgl. MfSB-NRW, 2024; AO-GS, 2005). An den weiterführenden staatlichen Schulen sind notenfreie Bewertungen nur in Ausnahmefällen, wie zum Beispiel im PRIMUS Schulversuch, möglich (vgl. Mismahl, 2021).

3.3 Aktuelle Bewertungsvorgaben und -praxis in NRW

Die *Standards für die Lehrerbildung* der KMK geben einen Einblick in die Anforderungen, die Lehrkräfte erfüllen sollen. Darin findet sich der eigene curriculare Kompetenzbereich *Beurteilung*, in dem der grundsätzliche Anspruch an Lehrkräfte formuliert wird, die „Beurteilungsaufgabe gerecht und verantwortungsbewusst" (KMK, 2022, S. 12) auszuüben. Dem Kompetenzbereich sind wiederum zwei Kompetenzen unterstellt, die pädagogisch-diagnostisch ausgerichtete *Kompetenz sieben* sowie die *Kompetenz acht,* bei der es um die Fähigkeit geht, „die Leistungsentwicklung von Schülerinnen und Schülern [zu erfassen] und [...] Lernprozesse und Leistungen auf der Grundlage transparenter Beurteilungsmaßstäbe" (ebd., S. 13) zu beurteilen. Speziell für Nordrhein-Westfalen werden zudem überfachliche Erwartungen an die Leistungsbewertung in dem neu ausgearbeiteten Entwurf *Richtlinien Bildungs- und Erziehungsgrundsätze* für die allgemeinbildenden Schulen in NRW aus dem August 2023 festgehalten, auf den in Kapitel 4.4 in vertiefter Form eingegangen wird. Leistungsbewertung wird dort vornehmlich als Mittel zur Überprüfung des Lernerfolgs und der Lernwirksamkeit des Unterrichts verstanden und soll Lehrkräften „als Grundlage für weitere Förderangebote und Schullaufbahnberatungen" (MfSB-NRW, 2023, S. 15) dienen. Erst im letzten Satz wird die Leistungsbewertung auch als „Grundlage für die Zuerkennung von Übergangsqualifikationen und Abschlüssen" (ebd., S. 16) anerkannt.

Bei der Betrachtung der Standards und Richtlinien fällt eine Vermeidung der Aussprache der machtvollen Selektions- und Berechtigungsfunktion auf, mit der Lehrkräfte im deutschen Schulsystem betraut sind. Insbesondere Ziffernnoten, die als maßgebliches Werkzeug zur Ausübung der Selektionsaufgabe dienen, finden sowohl in *den Standards für die Lehrerbildung* als auch in dem genannten Entwurf der Richtlinien keine Erwähnung. Dabei wird in den Ausführungen der vorliegenden Arbeit deutlich werden, dass gerade die summative Bewertungsaufgabe mit Noten das betrachtete Spannungsfeld konstituiert.

Der summative und selektive Charakter der Bewertungsaufgabe wird erst im Schulgesetz ersichtlich. Das Schulgesetz NRW hält grundsätzlich fest: Schüler*innenleistungen „werden durch Noten bewertet" (SchulG, 2005, § 48 (1)). Wenn Schüler*innen eine Leistung verweigern, hat die Lehrkraft das Recht, eine ungenügende Leistung (Note 6) zu erteilen (vgl. ebd., § 48 (5)). Zum Ende des Schuljahres erhalten die Schüler*innen „ein Zeugnis über die erbrachten Leistungen" (ebd., § 49 (1)). Im Schulgesetz wird auch die Selektionsaufgabe der Lehrkräfte deutlich: „Eine Schülerin oder ein Schüler wird nach Maßgabe der Ausbildungs- und Prüfungsordnung in der Regel am Ende des Schuljahres in die nächsthöhere Klasse oder Jahrgangsstufe versetzt, wenn die Leistungsanforderungen der bisherigen Klasse oder Jahrgangsstufe erfüllt sind" (ebd., § 50 (1)). In den gesetzlichen Ausführungen zeigt sich ein Bewertungsmonopol der Lehrkraft. Mitbestimmungsrechte von Seiten der Schüler*innen finden keine Erwähnung. Dazu kommt, dass die Schulen nach Paragraf drei über eine organisatorische Selbstständigkeit und Eigenverantwortung verfügen, die ihnen grundsätzlich beträchtliche Bewertungsspielräume eröffnen. So ist es Aufgabe der schulinternen Fachkonferenz, über „Grundsätze zur Leistungsbewertung" (ebd., § 70 (4)) zu entscheiden. Konkretere Vorgaben zu Leistungsbewertungen finden sich in den Ausbildungs- und Prüfungsordnungen der verschiedenen Schulformen. In einem solchen Runderlass des damaligen Ministeriums für Schule und Weiterbildung (vgl. BASS 12-63, 2015) finden sich organisatorisch-praktische Eingrenzungen der Bewertungspraxis, so zum Beispiel, dass „Klassenarbeiten [...] nicht am Nachmittag" (ebd., (3.1)) geschrieben werden dürfen, jedoch ebenfalls kein Verweis auf eine Beteiligung der Schüler*innen.

In der schulischen Praxis ergibt dies für Schüler*innen eine weitgehend fremdbestimmte Leistungsbewertung in der Schule, bei der die Lehrkraft über eine monopolistische Macht der Notenzuteilung verfügt (vgl. Schönig, 2010, S. 170). Nach Schönig (2010) bleibt den Lernenden nichts anderes übrig, als sich „den unterschiedlichen Bewertungsmaßstäben und -standards verschiedener Lehrkräfte zu beugen" (S. 170), die ihrerseits ein hohes Maß der Unterwerfung verlangen können (vgl. ebd., S. 172). Bewertungen mit formativer Motivation sind hingegen aufgrund der fehlenden selektiven Bedeutung nicht von diesen Überlegungen betroffen. Aktuelle Befunde von Krüll (2023, S. 348) deuten jedoch darauf hin, dass selbst mündliche Mitarbeit vorwiegend summativ genutzt wird, obwohl sie sich wie kaum eine andere Leistungsbewertung zum formativen, prozessbegleitenden *assessment* eignet und individuelle Lernentwicklungen abbilden kann (vgl. ebd., S. 78, 122).

3.4 Kontroversen um das schulische Leistungsprinzip und die Leistungsbeurteilung

Die realgesellschaftliche Verwirklichung der Chancengleichheit als prinzipielle Voraussetzung der Gültigkeit des Leistungsprinzips, sprich dass „soziale Ungleichheiten primär auf unterschiedliche Leistungsbereitschaften zurückgehen" (Schimank, 2018, S. 34), ist vielfach widerlegt. Bourdieu und Passeron widmeten diesem Gegenstand bereits 1971 den einflussreichen Sammelband *Die Illusion der Chancengleichheit.* Spätestens seit der ersten PISA-Erhebung von 2000 ist dies auch empirisch breit rezipiert (vgl. OECD, o. J.).

Ebenso kontrovers werden Noten als primäres Instrument zur Dokumentation und Bewertung von schulischer Leistung diskutiert. Ein großer Forschungszweig widmet sich seit den 1970ern insbesondere der Güte von Lehrkraftsurteilen. Als einschlägiger Klassiker des Forschungsbereichs gilt Ingenkamps Sammelband *Die Fragwürdigkeit der Zensurengebung* (1971a), in dem primär englischsprachige empirische Studien in das deutsche Forschungsfeld übertragen wurden, in denen die mangelnde Objektivität, Reliabilität und Validität von schulischer

Leistungsbeurteilung empirisch nachgewiesen wurden (vgl. Baurmann, 1995; Starch & Elliot, 1995; Weiss, 1995). Insbesondere am Beispiel der Aufsatzbeurteilung im Deutschunterricht wurde schon vielfach eine mangelnde Unabhängigkeit der Bewertungen von der individuellen Lehrkraft nachgewiesen (vgl. Schröter, 1971; Ingenkamp, 1971b; Giers, 1993; Rothland, 2001). Auch die mangelnde Vergleichbarkeit von Noten aus verschiedenen Klassen ist empirisch belegt (vgl. Ingenkamp, 1995; Thiel & Valtin, 2002). Selbst scheinbar objektive Leistungen wie die Rechtschreibleistung werden von Lehrkräften sehr unterschiedlich bewertet (vgl. Birkel, 2009). Die soziale Herkunft und das Geschlecht tragen ebenso zu einer ungerechten Bewertung bei wie die Leistungsstärke einer Klasse (vgl. Maaz et al., 2013; Tiedemann & Billman-Mahecha, 2007; Baumert et al., 2010). Breite Rezeption erhielt die Diskussion um Noten 2006 durch die vom Grundschulverband in Auftrag gegebene Studie *Sind Noten nützlich – und nötig?* (vgl. Brüggelmann, 2006; 2014). In einem umfassenden Forschungsüberblick schlussfolgert Brüggelmann (2014), dass Noten informationsarm, nicht vergleichbar und demotivierend sind, den Gütekriterien nicht standhalten und letztendlich weder nützlich noch nötig sind. Bezüglich eines generellen Verzichts auf das schulische Zertifizierungssystem bleibt Brüggelmann positionslos (vgl. ebd., S. 53).

Noten können darüber hinaus auch die weitere Leistungsentwicklung, die besonders für Übergangsentscheidungen relevant ist, nicht akkurat vorhersagen (vgl. Baumert et al., 2010; Trautwein et al., 2008; Perleth & Sen, 2010). Insbesondere die Validität der Grundschulempfehlung ist wissenschaftlich angreifbar (vgl. Thiel, 2005; Block & Klemm, 2006). Die prognostische Validität der Abiturdurchschnittsnote für den Studienerfolg ist ebenfalls nicht unumstritten, zeigt aber zumindest keine Nachteile gegenüber Studierfähigkeitstests (vgl. Trapmann et al., 2007; Gold & Souvignier, 2005).

Gesellschaftlich erfahren Noten hingegen eine breite Zustimmung. Im repräsentativen *ifo Bildungsbarometer 2023* zeigte sich, dass die Abschaffung gängiger Druckmittel wie Sitzenbleiben und Noten nur geringfügige Unterstützung von der Bevölkerung erhalten (Werner et al., 2023, S. 37). Aufseiten der Schüler*innen finden sich in verschiedenen Untersuchungen seit Jahrzehnten breite Mehrheiten für die Beibehaltung der Ziffernnoten (vgl. Schröter, 1982; Vollstädt & Jachmann, 2002; Wößmann et al., 2018). Auch in der Elternschaft „plädiert nur eine Minderheit für ihre Abschaffung" (Brüggelmann, 2006, S. 35). Arbeitgeber*innen hingegen betrachten Schulnoten selten und setzen eher auf Online-Assessments, Fragenkataloge und persönliche Eindrücke (vgl. Bundesinstituts für Berufsbildung, 1998; Dierig et al., 2013).

Schaut man auf die psychologischen Konsequenzen der Leistungsbeurteilung, zeigt sich in Hinblick auf die Motivation von Lernenden in mehreren Arbeiten, dass die Benotungserwartung keinen Effekt auf die Lernendenmotivation hat (vgl. Baumert & Demmrich, 2001; Klein et al., 1994; Hänze et al., 2009). In der bereits 1988 durchgeführten Untersuchung von Crooks (1988) wurden zudem zusätzliche unerwünschte Effekte festgestellt, wie die Reduktion intrinsischer Motivation und die Verschlechterung sozialer Beziehungen zwischen den Lernenden. Auf der emotionalen Ebene gehören „Noten [...] weiterhin zu den verbreitetsten Angstauslösern unter Kindern" (Brüggelmann, 2014, S. II, auf Grundlage des *Kinderbarometer* und der Kinderstudien von World Vision 2010; 2013). In der Hamburger *LeiHS*-Studie wurde zudem festgestellt, dass notenfrei unterrichtete Kinder „mehr Freude an und in der Schule" (Vollstädt & Jachmann, 2002, S. 152-153) empfinden und zudem die Lernkultur und das Unterrichtsklima positiver eingeschätzt wird.

4. Erziehung zur Mündigkeit

Der Begriff Mündigkeit ist das Schlagwort der europäischen Aufklärung und untrennbar mit Kants berühmten Verständnis von Aufklärung als „Ausgang des Menschen aus seiner selbst verschuldeten Unmündigkeit" (Press, 2001, S. 196) durch den selbst geleiteten Gebrauch des eigenen Verstandes verwoben. Darüber hinaus ist der Mündigkeitsbegriff maßgeblich von Adornos Ausführungen der 1960er-Jahre geprägt (vgl. Fabel-Lamla, 2006, S. 85). Ausgangspunkt für Adorno war zum einen der moralische Imperativ, dass sich Auschwitz nicht wiederholen dürfe, und zum anderen die Beobachtung, dass die Demokratie der damaligen Gegenwart „zwar akzeptiert, aber von den Bürgern nicht als Ausdruck der eigenen Mündigkeit erfahren werde" (ebd.). Mündigkeit ist nach Adorno das Aufgeklärtsein „über jene gesellschaftlichen Verhältnisse, Zusammenhänge und Mechanismen, die die Menschen in Unmündigkeit halten" (ebd.), die Fähigkeit zu „kritischer Selbstreflexion" (ebd.) und die Kraft „zur Selbstbestimmung [und] zum Nicht-Mitmachen" (ebd., S. 86). Mündigkeit in diesem Kontext heißt damit auch, „etwas nur anzunehmen, wenn man die Gründe es anzunehmen selber für gut befindet" (Foucault, 1992, S. 14) und nicht als wahr anzunehmen, was eine Autorität als wahr bezeichnet. Daher gehöre auch *Mut* notwendigerweise zu Mündigkeit (vgl. Bremer & Trumann, 2015, S. 47).

4.1 Kann die Schule zur Mündigkeit erziehen?

Das pädagogische Selbstverständnis, dass eine Erziehung zur Mündigkeit überhaupt theoretisch für möglich gehalten wird, ist nach Schäfer (2017, S. 9) ein Erbe der Aufklärung. Seitdem gilt, dass nicht nur der Abbau von Bevormundung, sondern auch die Ausbildung eigenständigen Denkens und eigener Glückseligkeit Aufgabenstellung der Erziehung ist (vgl. ebd.). Mit der Aufklärung geriet nicht nur die Forderung nach Mündigkeitserziehung in den Blickpunkt, sondern auch die damit einhergehenden Schwierigkeiten einer institutionalisierten Ausbildung, die Kant zu seiner berühmten Frage veranlasste: ‚Wie kultiviere ich die Freiheit bei dem Zwange?' (vgl. Giesinger, 2011). Doch obwohl schon Kant auf das Paradox der Mündigkeitserziehung in einer Zwangsinstitution hinwies, hat es „weder ihn noch die nachfolgenden Generationen davon abgehalten, *dennoch* auf diese Möglichkeit zu setzen" (Schäfer, 2017, S. 10), auch wenn dies in Institutionen stattfindet, die „gesellschaftliche Funktionen erfüllen, die die Einübung in gesellschaftliche Herrschaftsstrukturen faktisch absichern und legitimatorisch abstützen" (ebd.).

Als besonders einflussreich für diese Fragestellung gelten Adornos Ausführungen zu dem Thema *Erziehung zur Mündigkeit*, die als Teil der Reihe *Bildungsfragen der Gegenwart* im Hessischen Rundfunk gesendet wurden (vgl. Fabel-Lamla, 2006, S.85). Dabei fiel sein bekannter Erziehungsimpetus: „Die Forderung, daß [sic] Auschwitz nicht noch einmal sei, ist die allererste an Erziehung" (Adorno, 1971, S. 88). Mündigkeitserziehung versteht Adorno als „Erziehung zum Widerspruch und zum Widerstand" (ebd., S. 145) und als Erziehung des „Madigmachens" (ebd., S. 146). Erziehung bedeutet für Adorno die Verhinderung von autoritärer Persönlichkeit durch die Anleitung zu angstfreier und vernunftsgeleiteter Selbstbestimmung (vgl. Schweppenhäuser, 2009, S. 1). Er sieht Erziehung dabei in einer widersprüchlichen Rolle, da sie einerseits anpassend wirken müsse, um die heranwachsende Generation auf das Leben vorzubereiten, andererseits die bestehenden Zustände und Verhältnisse auch nicht einfach reproduzieren dürfe:

> Erziehung wäre ohnmächtig und ideologisch, wenn sie das Anpassungsziel ignorierte und die Menschen nicht darauf vorbereitete, in der Welt sich zurechtzufinden. Sie ist aber genauso fragwürdig, wenn sie dabei stehen bleibt und nichts anderes als ‚well adjusted people' produziert, wodurch sich der bestehende Zustand, und zwar gerade in seinem Schlechten, erst recht durchsetzt. Insofern liegt im Begriff der Erziehung zu Bewusstsein und Rationalität von vornherein eine Doppelschlächtigkeit. Vielleicht ist sie im Bestehenden nicht zu bewältigen, jedenfalls dürfen wir ihr nicht ausweichen (Adorno, 1971, S. 109).

Adorno sieht zudem die Schule als gesellschaftliche Bildungsinstitution in einer schwierigen Position, denn sie sei in den Zusammenhang von Vergesellschaftung verstrickt, sodass in ihr selbst „unterdrückende, repressive Momente" (ebd., S. 122) vorhanden sein könnten, die Barbarei reproduzieren und eine kultivierende Erziehung untergraben. Laut Adorno (ebd., S. 136) wird dieser unausweichliche Missstand von der Pädagogik vernachlässigt. Für das damalige Schulwesen diagnostizierte Adorno (ebd., S. 133-147), dass es, statt Mündigkeit zu fördern, Unmündigkeit konserviert, da es durch das gegliederte Schulwesen Ungleichheiten reproduziert, den Wettbewerbsgedanken fördert, am Autoritätsprinzip festhält und einen problematischen Begabungsbegriff lebt. Abseits dieser Kritik an bestehenden schulinstitutionellen Realitäten ist Adorno jedoch bereits auf der theoretischen Ebene skeptisch, ob Schule als geregelte Institution ein Ort sein kann, der Mündigkeit ausbildet (vgl. ebd., 1971, S. 133-147).

Für Schäfer (2017) sind Adornos Theorien nicht weniger als eine Negation der (Mündigkeits-)Aspirationen der Aufklärung, insbesondere das kritische Schlüsselwerk *Die Dialektik der Aufklärung* (vgl. Horkheimer & Adorno, 1947) verdeutliche dies. Habermas (1968) Diskurstheorie eröffne hingegen einen Zugang zum Erziehungsziel Mündigkeit, der auf den ersten Blick deutlich optimistischer wirkt. Denn das „ethische Paradox, wie es möglich sein soll, einen Abhängigen zu Mündigkeit zu bringen" (Schäfer, 2017, S. 8) wird laut Schäfer durch Habermas Diskurstheorie aufgelöst, weil im Diskurs *Edukand* und *Erzieher* gleichberechtigt sind und der *Edukand* „auf diese Weise lernt, mündig an vernünftigen Verhandlungen teilzunehmen" (ebd.). Gleichzeitig bezeichnet Schäfer die Anwendung der Diskurstheorie auf den Schulkontext als „Verleugnung des unauflösbaren Macht- und Legitimationsproblems" (ebd., S. 8-9), bei der die „Edukanden als gleichberechtigte Diskurspartner fantasiert" (ebd., S. 9) werden.

4.2 Bildung, Kritik und Mündigkeit

Bevor sich der Fokus dieser Arbeit auf die Mündigkeitsverständnisse der kritischen Erziehungswissenschaft, Demokratiepädagogik und politischen Bildung richtet, sollen im Folgenden noch die zwei zentralen Begriffe *Kritik* und *Bildung* in den Zusammenhang mit Mündigkeit gebracht werden, die in den theoretischen Ausführungen und in den späteren Interviewanalysen von Bedeutung sind.

Kritik

Die *Kritik* ist insofern verwoben mit Mündigkeit, als dass Adorno als Teil der Frankfurter Schule die *Kritische Theorie* geprägt hat (vgl. Schweppenhäuser, 2009). Adornos Ausführungen zur Erziehung zur Mündigkeit waren als „letzte Stunde des Funkkollegs [die] Geburtsstunde der kritischen Erziehungswissenschaft" (Behrmann, 2000, S. 472). *Kritisch* bedeutet nach Klafki (1971, S. 262) ein auf die Gestaltung oder Veränderung der Praxis gerichtetes Erkenntnisinteresse, dass durch Begriffe wie Mündigkeit, Selbstbestimmung, Freiheit, Demokratisierung und Emanzipation geprägt ist. Bremer und Trumann (2015) setzen *Kritik* mit „einer bestimmten Form von Reflexivität" (S. 44) gleich, die mit „den Selbstverständlichkeiten, mit der ‚Orthodoxie', dem ‚Common sense' [bricht] und in diesem Sinne ‚subversiv' [ist]" (ebd.) und einen *kritischen* Blick auf die gesellschaftlichen Verhältnisse miteinschließt (vgl. ebd., S. 45). Auch bei Foucault (1984) wird die enge Beziehung zwischen *Kritik* und Mündigkeit deutlich, da er Mündigkeit als Haltung versteht, bei der die „Kritik dessen, was wir sind, zugleich historische Analyse der uns gesetzten Grenzen und Probe auf ihre mögliche Überschreitung ist" (ebd., S. 707).

Bildung

Mündigkeit ist Aspekt vieler Bildungsverständnisse und je nach Definition mehr oder weniger explizit mit dem Bildungsbegriff verwoben. Als Klassiker der Bildungstheorie gilt das humboldtsche Bildungsideal: „Der wahre Zweck des Menschen [...] ist die höchste und proportionierlichste Bildung seiner Kräfte zu einem Ganzen" (Humboldt, 1792, S. 64). Humboldts Verständnis von Bildung als Selbstbildung mit Fokus auf die Aspekte der eigenen Individualität und des eigenen Charakters mag zunächst wenig mit (gesellschaftlicher) Mündigkeit verbunden sein. Doch im humboldtschen Bildungsideal ist Mündigkeit enthalten, da Humboldt nicht nur die ganzheitliche Bildung der Kräfte des Menschen als Selbstzweck beschreibt, sondern auch die gegenseitige Verwiesenheit von Ich und Welt (vgl. Hinz, 2010, S. 113). Sein Bildungsbegriff hat dadurch, ebenso wie Mündigkeit, eine gesellschaftliche Komponente. Die gegenseitige Verwiesenheit von Welt und Individuum und einhergehend der Bezug zu Mündigkeit werden im Konzept der *kategorialen Bildung* von Wolfgang Klafki (1991) deutlicher. Hinz (2010) verweist auf den gesellschaftlichen Gehalt von Klafkis Bildungsbegriff, der in seiner weiterentwickelten kritisch-konstruktiven Didaktik explizit von einer „Selbst- und Mitbestimmungsfähigkeit des Menschen sowie seiner Solidaritätsfähigkeit im demokratischen Handeln" (ebd., S. 115-116) spreche (vgl. Klafki, 1991, S. 52). Auch in Habermas *Akt der Selbstreflexion* (Habermas, 1994, S. 261) zur emanzipatorischen Veränderung des eigenen Lebens wird die gegenseitige Verwiesenheit von Welt und Individuum deutlich. Bremer und Trumann (2015) resümieren in ihrem Artikel, dass ein mündigkeitsbezogenes Bildungsverständnis Bildung als längerfristige Entwicklung der „je eigenen Persönlichkeit mit der Weiterentwicklung der Gesellschaft" (ebd., S. 46) verstehen müsse. „Ein so verstandener Bildungsprozess verweist darauf, dass Bildung immer einen kritischen Modus beinhaltet" (ebd.). Zur Verdeutlichung wird dieses Verständnis mitunter auch als *Kritische Bildung* präzisiert (vgl. ebd.). Dieser Begriff ermöglicht insbesondere eine Abgrenzung von anderen Verständnissen von Bildung, die sich zum Beispiel auf die Nützlichkeit für Wirtschaft und Nation und die Verbesserung der Standortbedingungen (vgl. Lahner, 2015, S. 162) sowie auf die Vermittlung ‚neutralen' wissenschaftlichen Wissens konzentrieren (vgl. ebd., S. 164-165). In dieser Perspektive geht es weniger um Kritik, sondern um die Erfassung von Merkmalen eines Sachverhalts und um die Bewältigung geforderter Gegebenheiten (vgl. ebd., S. 166, 168).

4.3 Mündigkeitserziehung in der jüngeren Pädagogik

Die Frage nach der Umsetzung einer Erziehung zur Mündigkeit hat sich insbesondere die kritische Erziehungswissenschaft gestellt, die Anfang der 1970er Jahre in enger Anlehnung an Adornos Theorien durch Mollenhauer, Klafki und Blankertz entstand (vgl. Schweppenhäuser, 2009, S. 3). Doch auch wenn Adornos Theorien die theoretischen Abhandlungen zu Mündigkeitserziehung wie kaum ein anderer Referenzautor prägen (vgl. Overwien & Widmaier, 2015, S. 23) – sein „scheinbar so einsichtige[r] Imperativ [lässt sich] kaum in eine einfache pädagogische Absicht übersetzen" (Schäfer, 2017, S. 13). Adornos Theorien haben sich gerade durch die Negation der Aspirationen der Aufklärung „für eine pädagogische Rezeption als äußerst sperrig" (Schäfer, 2017, S. 11) erwiesen (vgl. Fabel-Lamla, 2006, S. 88). Dieses Problem stellte sich der kritischen Erziehungswissenschaft von Beginn an und führte dazu, dass insbesondere Adornos Theorien ausgesprochen selektiv betrachtet und nur das aus der *Kritischen Theorie* der Frankfurter Schule aufgenommen wurde, was ,brauchbar' war (vgl. Schäfer, 2017, S. 7). Dabei wurde zunehmend ein (selektiver) Fokus auf Habermas (1968) *emanzipatorisches Erkenntnisinteresse* und seine *Diskurstheorie* gelegt (vgl. Schäfer, 2017, S. 7).

In jüngerer Zeit tat sich zunehmend die kritische politische Bildung als Disziplin auf, in der sich mit Fragen von Mündigkeit und Schule beschäftigt wird. Auch diese Strömung beruht, ebenso wie die kritische Erziehungswissenschaft, auf der *Kritischen Theorie* von Adorno und Horkheimer und der Frankfurter Schule (vgl. Overwien & Widmaier, 2015, S. 23). Auch wenn die politische Bildung das Unterrichtsfach Politik fokussiert, sind die in dieser Disziplin formulierten Gedanken für die vorliegende Arbeit relevant, da die Disziplin eine fächerübergreifende Perspektive bei der Mündigkeitserziehung betont (vgl. Goll, 2010, S. 149). Die kritische politische Bildung ist im Grunde mit den gleichen Problemen um den sperrigen Mündigkeitsbegriff von Adorno konfrontiert wie die kritische Erziehungswissenschaft. In mehreren Beiträgen wird daher auch deutlich, dass Mündigkeitserziehung in einer Vielzahl von Widersprüchlichkeiten stattfindet. Denn es wird am „Ausgangspunkt und Ziel eines möglichst autonomen, freiheitlichen und emanzipierten Subjekts fest[gehalten auch wenn das Fach] gleichzeitig um dessen gesellschaftliche Gebundenheit und Bedingtheit" (Bauer, 2015, S. 27) weiß. Im Zentrum der politischen Bildung steht das mündige Subjekt, es wird auch als der größte, kleinste und einzige

„gemeinsame Nenner der Politikdidaktik auf der Ebene der obersten Ziele" (ebd.) bezeichnet. Inwieweit eine Befähigung zu Mündigkeit in einem institutionell gebundenen Unterricht leistbar ist, ohne dass das Wort Mündigkeit „der Beliebigkeit anheim fallen [sic] soll" (Hammermeister, 2015, S. 101), wird jedoch aktiv hinterfragt. Hammermeister (2015) sieht die Schule in einer widersprüchlichen Rolle, die auf der einen Seite aus nationalstaatlichen Interessen gegründet und durch Herrschaftsmechanismen geprägt war, gleichzeitig aber auch Bildung und Kritikfähigkeit in der Bevölkerung förderte (vgl. ebd., S. 101-102). Einerseits wurden gesellschaftliche Strukturen reproduziert, andererseits aber auch das Bildungsprivileg durchbrochen (vgl. ebd., S. 102). Unterricht ist nach Hammermeister nach wie vor durch diesen Widerspruch bedingt (vgl. ebd., S. 102-103). Eine freie Entfaltung der Lernenden und Kritiklernen im Rahmen einer fremdbestimmten Zwangsveranstaltung erscheint paradox (vgl. ebd.). Hammermeister (2015) schlussfolgert aus dem widersprüchlichen Charakter einer Erziehung zur Mündigkeit einen Anlass zu fortwährender Selbstreflexion der Schule (vgl. ebd., S. 106).

Die Demokratiepädagogik als weiteres Feld, in dem sich mit Fragen um die Mündigkeitserziehung auseinandergesetzt wird, zeigt deutliche Unterschiede zur kritischen politischen Bildung und kritischen Erziehungswissenschaft. Bei den Autor*innen aus der Demokratiepädagogik zeigt sich mitunter ein deutlich höherer Realisierbarkeitsoptimismus in der Mündigkeitserziehung (vgl. Hinz, 2010; Fauser, 2010; Langer, 2021). Widersprüchlichkeiten und Paradoxien werden tendenziell ausgehebelt, wie zum Beispiel bei Fauser (2010), der Mündigkeit einseitig als Übernahme tradierter gesellschaftlicher Konzepte versteht und damit ein autoritätentreues Mündigkeitsverständnis vorträgt (vgl. ebd., S. 75-78). Für eine gelingende Mündigkeitserziehung fordert Fauser (2010) daher lediglich eine Individualität der Lernprofile, um in Kindern die Fähigkeit und Bereitschaft auszubilden, „selbst weiter zu lernen, zu urteilen, mit anderen zusammen zu arbeiten, initiativ zu werden und Verantwortung im Interesse des Gemeinwohls zu übernehmen" (ebd., S. 78). Andere Autor*innen wie Hinz (2010) individualisieren den Mündigkeitsbegriff und betrachten erfolgreiche Mündigkeitserziehung als Ermöglichung emanzipatorischer Selbstbestimmung durch die Schule, sofern die Schule Chancengleichheit und Partizipation (z. B. an der Unterrichtsplanung) ermöglicht, schulisches Konkurrenzdenken minimiert und differenzierte Leistungsanforderungen und -beurteilungen nutzt (vgl. ebd., S. 116-117). Insgesamt zeigt sich bei mehreren Veröffentlichungen – neben Fauser (2010) und Hinz (2010) zum Beispiel auch bei Langer (2021) – eine Tendenz zur Vernachlässigung der in Kapitel 4.1 angesprochenen problematischen Verstrickung der Schule in potenziell repressive Gesellschaftsdynamiken.

Die unterschiedlichen Verständnisse von Mündigkeit in der Demokratiepädagogik und politischen Bildung haben in den frühen 2000er-Jahren zu kontroversen Debatten geführt (vgl. Wohnig, 2015, S. 265; Beutel, 2011, S. 64). Für Wohnig (2015) besteht der maßgebliche Unterschied in den Verständnissen der Demokratiepädagogik und der (kritischen) politischen Bildung darin, dass die politische Bildung „eine kritische Analyse der bestehenden Verhältnisse auf Grundlage einer kritischen Gesellschaftstheorie [leisten will], in der vor allem auch die Fragen nach Macht und Herrschaft thematisiert werden" (S. 266). In der Demokratiepädagogik sei hingegen ein positiv überhöhter und vorwiegend sozial verstandener Begriff der Demokratie anzutreffen und bei Schüler*innen werde tendenziell eine Politik- und Demokratieverdrossenheit vorausgesetzt, die durch partizipationsorientierte Service-Learning Projekte, Klassenrat und Schüler*innenparlamente verringert werden soll (vgl. ebd., S. 266; Beutel, 2011; Goll, 2010, S. 146). Eng mit der Demokratiepädagogik verknüpft ist auch das Stichwort *demokratische Schule*. Es taucht in unterschiedlichen Kontexten immer wieder auf (vgl. Hinz, 2010) und lässt sich nach Klafki (1989) als das Recht sehen, Lernenden „Interessen- und Auffassungsunterschiede und Konflikte in der Gesellschaft bewußt [sic] zu machen und ihnen die Grundlagen der Fähigkeit zu vermitteln, einmal ihren eigenen Standort innerhalb unterschiedlicher und zum Teil kontroverser gesellschaftlicher Auffassungen und Interessen [...] zu bestimmen" (vgl.

ebd., S. 28). An der demokratiepädagogischen Auslegung des Konzepts kritisiert Wohnig (2015): „[Es fehlt] eine kritische Analyse demokratischer Partizipationsmöglichkeiten in der Schule, die per se keine demokratische Veranstaltung ist" (S. 266). Konzepte wie der Klassenrat und das Schülerparlament würden unter den gegebenen Bedingungen eine Art Pseudopartizpation darstellen (vgl. ebd., S. 66; Oser & Biedermann, 2007). Ebenso kritisch betrachtet Wohnig (2015) den *Engagements*-Begriff der Demokratiepädagogik, der gleichermaßen defizitär auf Kinder und Jugendliche blickt und durch seinen entpolitisierten Charakter ebenso wenig eine gesellschaftskritische Analyse der Voraussetzungen jugendlichen Engagements vornimmt (vgl. ebd., S. 267-268). Auch die Begriffe *Demokratie* und *Kritik* werden zwar in der Demokratiepädagogik häufig verwendet, jedoch in einem unkritischen Verständnis: „Demokratie gilt hier v. a. als Sinnbild für Kooperation, Engagement, (Lebens-)Hilfe und einen demokratischen Umgang in der Lebenswelt [...]. Kritik wird beschrieben als Kritikfähigkeit, als Fähigkeit Kritik zu üben und zu ertragen, als demokratische Tugend oder als kritische Loyalität" (ebd., S. 268). Zusammengefasst wird in der Kritik von einem entleerten Demokratiebegriff und einem reduktionistischen Politikverständnis der Demokratiepädagogik gesprochen (vgl. ebd., S. 270).

Zuletzt sei hier noch auf den Begriff der *digitalen* Mündigkeit einzugehen, der in vielen aktuellen Veröffentlichungen thematisiert wird (vgl. Köberer, 2022; Lankau, 2021). Es handelt sich hierbei in der Regel um ein von dieser Arbeit abzugrenzendes Mündigkeitsverständnis, das eher eine Zusammenfassung verschiedener wissenschaftlich und institutionell festgehaltener Digitalkompetenzen umfasst und mitunter mit einem defizitären Blick auf mangelnde digitale Mündigkeit bei Kindern verbunden ist (vgl. Köberer, 2022; Lankau, 2021).

4.4 Vorgaben zur Erziehung zur Mündigkeit im deutschen Schulwesen

Im Schulgesetz NRW wird der Begriff Mündigkeit nur im Kontext von Religionsmündigkeit namentlich erwähnt, allerdings tauchen in den Paragrafen mehrfach Verweise zu zentralen Aspekten der Mündigkeitserziehung auf. In Abschnitt eins ‚Auftrag der Schule' wird festgehalten, dass „junge Menschen auf der Grundlage des Grundgesetzes und der Landesverfassung" (SchulG, 2005, § 2 (1)) erzogen werden sollen. Zum Erziehungsauftrag ist dort Folgendes festgehalten: „Ehrfurcht vor Gott, Achtung vor der Würde des Menschen und Bereitschaft zum sozialen Handeln zu wecken, ist vornehmstes Ziel der Erziehung". Das Schulgesetz fordert im folgenden Paragrafen explizit die Erziehung zur Demokratie und Freiheit (vgl. ebd., § 2 (2)). In Absatz vier und sechs desselben Paragrafen folgen noch weitere Präzisierungen zur Mündigkeitserziehung. Dort wird unter anderem die freie Entfaltung der Person, das selbstständige und verantwortungsbewusste Handeln in allen gesellschaftlichen Lebenssphären und das Eintreten für die Demokratie genannt (vgl. ebd., § 2 (4,6)).

Besondere Erwähnung soll der neu ausgearbeitete Entwurf *Richtlinien Bildungs- und Erziehungsgrundsätze* für die allgemeinbildenden Schulen in NRW von August 2023 finden, der voraussichtlich zu Beginn des Schuljahres 2024/2025 in Kraft tritt und erstmals verbindliche Bildungs- und Erziehungsgrundsätze „gleichermaßen [für] alle allgemeinbildenden Schulformen und Schulstufen" (MfSB-NRW, 2023, S. 3) formuliert. Das mitunter als Entfaltung und Explikation des Schulgesetzes zu verstehende Dokument beginnt seine Ausführungen zum Bildungs- und Erziehungsauftrag der Schule mit dem Kapitel *2.1 Vermittlung demokratischer Grundorientierung* und unterstreicht darin die hervorgehobene gesellschaftliche Bedeutung der Mündigkeitserziehung in der Schule (vgl. ebd.). Darin kommt explizit eine Handlungsbefähigung zu „einer Mitbestimmung und Mitverantwortung in einer demokratisch verfassten Gesellschaft" (ebd., S. 5) zur Sprache. Die Ausführungen beinhalten auch eine kritische und subversive Komponente, wenn davon gesprochen wird, „Demokratiefeindlichkeit und Ungerechtigkeiten zu erkennen, diesen entgegenzutreten und sich für Frieden und Freiheit einzusetzen" (ebd.). Im Detail bleibt jedoch abzuwarten, ob diese Formulierungen in der endgültigen Fassung Bestand haben.

4. Erziehung zur Mündigkeit

Im Gegensatz zum Schulgesetz und dem Entwurf *Richtlinien Bildungs- und Erziehungsgrundsätze* nimmt Mündigkeitserziehung in den Kompetenzen der *Standards für die Lehrerbildung: Bildungswissenschaften* der KMK (2022) eine überraschend randständige Rolle ein. Aus den elf geforderten Kompetenzen von Lehrkräften lassen sich nur Kompetenz drei und Kompetenz fünf der Mündigkeitserziehung zuordnen, wobei Kompetenz drei (*Lehrkräfte fördern die Fähigkeiten der Schülerinnen und Schüler zum selbstbestimmten Lernen und Arbeiten*) wegen ihres stark lern- und unterrichtsbezogenen Charakters dabei eher peripher Mündigkeitserziehung betrifft (vgl. KMK, 2022, S. 8). Auch Kompetenz fünf (*Lehrkräfte vermitteln Werte und Normen, eine Haltung der Wertschätzung und Anerkennung von Diversität und unterstützen selbstbestimmtes und reflektiertes Urteilen und Handeln von Schülerinnen und Schülern*) bleibt abstrakt (vgl. ebd., S. 10). Zumindest in den zugeordneten Standards taucht einmal das Wort *demokratisch* auf (vgl. ebd.). Ansonsten findet in der Kompetenz eine gesellschaftskritische Komponente keine Erwähnung, ebenso tauchen eine Erziehung zur Kritik und auch Aspekte der Resilienz und Wehrhaftigkeit nicht auf (vgl. ebd.).

5. Antinomien und das Verhältnis von Bewertung und Mündigkeit

Der Lehrkraftberuf ist durch konfligierende Anforderungen, Spannungen und Widersprüchlichkeiten charakterisiert. Das Spannungsfeld von Bewertung und Mündigkeit ist ein Beispiel aus einer breiten Palette von widerstreitenden Anforderungen, die je nach Forschungsanlage aus einer professionalisierungstheoretischen Perspektive betrachtet (vgl. Streckeisen et al., 2007, S. 14) oder im Rahmen der soziologischen Rollentheorie als Intra-Rollenkonflikte (vgl. Rothland, 2013, S. 29-30) verortet werden können.

Als besonders einflussreich gelten die theoretischen Überlegungen von Helsper (u.A. 1996, 2000, 2016, 2021), der Widersprüchlichkeiten des Lehrkraftberufs auf einer allgemein-abstrakten Ebene im Rahmen von Antinomien zusammengefasst hat. Er versteht unter Antinomien bezogen auf Bildungs- und Erziehungsprozesse „für das professionelle pädagogische Handeln [vorliegende] widerstreitende Orientierungen […], die entweder beide Gültigkeit beanspruchen können oder die prinzipiell nicht aufzuheben sind" (Helsper, 2016, S. 111). Für Helsper (2016) kann es durch Antinomien „in besonders schwierigen und zugespitzten pädagogischen Situationen zu Handlungsverstrickungen kommen, die als pädagogische Paradoxien" (ebd., S. 111) zu bezeichnen sind. Bereits um die Jahrtausendwende hat Helsper erstmals Antinomien des Lehrkräftehandelns diagnostiziert (vgl. Helsper 1996, 2000). Helsper (2016) unterscheidet in seiner Theorie zwischen den abstrakten Antinomien *erster* Ordnung, die für *jede* Lebenspraxis gelten und den Beziehungs-Antinomien *zweiter* Ordnung, die insbesondere für das *pädagogische Lehrkräftehandeln* gelten. Im Folgenden werden für die vorliegende Arbeit relevante Antinomien kurz vorgestellt:

Die Subsumtionsantinomie: Diese Antinomie erster Ordnung behandelt den Widerspruch zwischen „Schema-F-Erklärungen [und der] Besonderheit von Schülern" (Helsper, 2016, S. 112). Helsper betont hier, dass Lehrkräfte einerseits Zuweisung und Klassifikation nach anerkannten Zuordnungsmustern leisten müssen, gleichzeitig damit aber dem Nachvollziehen des individuellen Einzelfalls nicht gerecht werden (vgl. ebd.).

Die Symmetrieantinomie: In dieser Antinomie erster Ordnung geht es um die „konstitutive Asymmetrie zwischen Lehrer und Schüler" (ebd.). Lehrkräfte haben dieser Antinomie zufolge einen Wissens- und Fähigkeitsvorsprung vor ihren Schüler*innen und eine „Anordnungs-, Zuweisungs- und Sanktionsmacht" (ebd.). Dies kann aber bei Verstehens- und Bildungsprozessen der Schüler*innen zu Problemen führen, die besser in einer symmetrischen Beziehung auf Augenhöhe gefördert werden können (vgl. ebd.).

Die Differenzierungsantinomie: Diese Antinomie zweiter Ordnung thematisiert die Problematiken, die daraus resultieren, dass von Lehrkräften auf der einen Seite eine Gleichbehandlung der Schüler*innen gefordert wird, die Schüler*innen auf der anderen Seite aufgrund heterogener Kenntnisstände und Lernbedingungen aber auf „differenzierte pädagogische Unterstützungs- und Fördermaßnahmen" (ebd., S. 115) angewiesen sind.

Die Autonomieantinomie: Von besonderer Bedeutung für die vorliegende Arbeit ist die Antinomie von Autonomie und Heteronomie. Sie beschreibt angelehnt an Kants Fragestellung (Wie kultiviere ich die Freiheit bei dem Zwange?) die einerseits notwendige Außenanleitung und Kontrolle der Lernenden, die jedoch andererseits die Verselbstständigung und Autonomieausbildung behindert (vgl. ebd., S. 115-116).

Als Konsequenz aus den antinomischen Anforderungen an den Lehrkraftberuf wird von Lehrkräften das Wissen um die strukturellen Spezifika ihres Berufs, ein reflexiv-kollegialer Umgang mit den Antinomien und eine situationsadäquate Balancierung der berufsbegleitenden Widersprüche gefordert (vgl. Rothland, 2013, S. 32; Bastian & Helsper, 2000, S. 176; Tenorth, 2004; Helsper, 2016, S. 111, 123). Die Professionalität von Lehrkräften liege darin, „das Lehren und Lernen im Unterricht und der schulischen Praxis zu gestalten, *obwohl* sie so vielen Unsicherheiten [und] widersprüchlichen Anforderungen [...] ausgesetzt sind" (Rothland, 2013, S. 33).

5. Antinomien und das Verhältnis von Bewertung und Mündigkeit

Das Verhältnis von Mündigkeitserziehung und Bewertung kann als konkretisierte Spannung mehrerer (abstrakter) Antinomien interpretiert werden und ist so, ähnlich wie Rothland (2021) es für die Spannung zwischen Förderung und Auslese festhält, als ein historisches, kulturell ausgeformtes, soziales Widerspruchsverhältnis zu betrachten. Der Ausgangspunkt dieser Arbeit lässt sich folglich auch als die Annahme ausdrücken, dass die Bewertung im Klassenraum eine Erziehung zur Mündigkeit *verunmöglicht*. In anderen Worten: Lehrkräfte sollen auf der einen Seite Schüler*innen zur Mündigkeit erziehen, also zu Kritik an bestehenden Verhältnissen animieren und einen gleichberechtigten Diskurs mit den Schüler*innen führen, führen jedoch auf der anderen Seite mit der selektionsrelevanten und summativen Bewertungsfunktion eine Aufgabe aus, in der sich ihre Schüler*innen in einer asymmetrischen, heteronomen und undemokratischen Rolle wiederfinden. Dieser Beschreibung lassen sich insbesondere die Symmetrieantinomie und Autonomieantinomie zuordnen (vgl. Helsper, 2016, S. 112-116). In Konsequenz schwebt die (summative) Bewertung metaphorisch als Schwert des Damokles über jeglichen (mündigkeitsbezogenen) unterrichtlichen Schüler-Lehrkraft-Interaktionen. Dazu zählen nicht nur Zeugnisnoten und Klausurbeurteilungen, sondern auch kaum wahrnehmbare Beurteilungen, wie Kommentierungen von Antworten oder Kopfnicken/Kopfschütteln (vgl. Luhmann, 2004, S. 33).

5.1 Positionen zum Spannungsfeld von Bewertung und Mündigkeit

Das Spannungsfeld von Bewertung und Mündigkeitserziehung wurde bereits in einigen Aufsätzen theoretisch aufgearbeitet und unterschiedlich gedeutet. Zu den älteren Veröffentlichungen zählt Nave-Herz (1977), die in ihrer Arbeit von *Antagonismen* spricht und den an diese Arbeit angelehnten Gegensatz von *Begutachtung* und *kompensatorisch-edukativer Funktion* aufgreift, durch den die Lehrkraft zugleich zum Anwalt und Richter der eigenen Schüler*innen wird. Nave-Herz (1977) formuliert auch den mit dieser Arbeit verwandten Antagonismus zwischen *Begutachtung* und *Sozialisation-/Vermittlungsfunktion*, durch den die Schüler*innen-Lehrkraft-Beziehung bedroht werde.

Auch bei Schütze (1996) zeigt sich ein Widerspruch zwischen Beurteilungshandeln auf der gesellschaftlichen Ebene (z. B. Selektion) und „biographischen Notwendigkeiten" (S. 340) (z. B. Identitätsentwicklung).

Eine neuere Veröffentlichung zum Verhältnis von Bewertung und Mündigkeit ist der Sammelband *Beteiligt oder bewertet?* von Beutel und Beutel (2010), in dem das Spannungsfeld vorwiegend aus demokratiepädagogischer Perspektive (vgl. Kapitel 4.3) bearbeitet wird. In der Mehrheit der Beiträge wird das Spannungsfeld zwischen traditioneller Bewertung (Noten) und der demokratischen Erziehungsaufgabe aufgemacht und es herrscht ein Auflösbarkeitsoptimismus. Das wird bereits in der Einleitung deutlich, in der von einem „anhaltende[n] Spannungsfeld zwischen Noten und demokratischer Erziehungsaufgabe" (Beutel & Beutel, 2010, S. 11) gesprochen wird, das praktisch auflösbar ist, wenn partnerschaftliche Verhältnisse zwischen Lehrkräften und Lernenden aufgebaut und fehlertolerante Leistungsbeurteilungen vorgenommen werden (vgl. ebd., S. 13). Diese Perspektive wird in mehreren Beiträgen in ähnlicher Form aufgegriffen:

Bei Pütz und Textor (2010) wird das Spannungsfeld von Leistungsbeurteilung und Demokratieerziehung aufgemacht und aus Fends (1980) *Selektionsfunktion* und *Integrationsfunktion* hergeleitet. Unter Verweis auf den Etikettierungsansatz werden insbesondere die negativ wirkenden öffentlichen Zuschreibungen, die aus Leistungsbewertung und Selektion hervorgehen, kritisiert und als entmündigend dargestellt (vgl. Pütz und Textor, 2010, S. 99). Demokratiehinderlich sind in den Augen der Autorinnen besonders die Ziffernnoten und die „äußere Differenzierung [...] in unterschiedliche Schulformen" (ebd., S. 106). Lösungen werden in differenzierteren Formen der Leistungsdokumentation und -bewertung gesehen (vgl. ebd.).

Auch Silvia-Iris Beutel (2010) eröffnet das Spannungsfeld zwischen dem Anspruch der Demokratiepädagogik und traditioneller Leistungsbeurteilung über Ziffernnoten. Für sie ist das Spannungsverhältnis auflösbar, sobald selbstevaluative und partizipative Leistungsrückmeldungen erfolgen und insbesondere die Verbalbeurteilung als Reformalternative zur Ziffernnote Einzug in die Schule erhält, die als pädagogische Leistungsbeurteilung inklusiv, partizipativ und somit demokratisch wirke (vgl. Beutel, S.-I., 2010, S. 48-49, 58).

Zuletzt sei noch Kurt Edler (2010, S. 28) erwähnt, der in seinem Aufsatz *Schulnoten und Demokratie* der Schule eine pädagogische Intention zuschreibt, die sie jedoch aufgrund der Berechtigungsfunktion nicht erfüllen kann. Die Lehrkraft mache die Rolle als Staatsanwalt, Richter und Verteidiger befangen und die Notengebung subjektiv (vgl. Edler, 2010, S. 30). Das Spannungsfeld zwischen Demokratie und Benotung ist für ihn, ohne dass er es direkt sagt, eine Spezifikation des Spannungsfeldes zwischen Förderung (in seinen Worten: pädagogische Intentionen) und Auslese (in seinen Worten: Berechtigungsfunktion) (vgl. ebd., S. 30-34). Für ihn ist eine demokratische Schule selbst mit Benotung möglich, wenn Lernende an der Unterrichtsgestaltung und Leistungsbeurteilung ernsthaft mitwirken können, Verantwortung für ihr eigenes Lernen übernehmen, Kritik äußern dürfen, der Frontalunterricht aufgebrochen wird (vgl. ebd., S. 35-41) und für die Lernenden „die Voraussetzungen für eine Distanzierung von der eigenen (doch so bequemen) Unmündigkeit geschaffen werden" (ebd., S. 41). Schlussendlich ist für Edler (2010, S. 43) ein Schulvertrag über die Bewertungspraxis der finale Schritt zur vollständigen Auflösung des Spannungsverhältnisses zwischen Demokratie und Benotung.

Gleichsam gibt es aber auch Autor*innen, die einer praktischen Auflösung des Spannungsverhältnisses kritischer gegenüberstehen (vgl. Schönig, 2010; Häcker & Winter, 2010; Köhler, 2010). Dies zeigt sich zum Beispiel bei Schönig (2010), der in das Spannungsfeld mit der Feststellung einleitet, konventionelle Leistungsbeurteilung sei „im Prinzip antidemokratisch" (Schönig, 2010, S. 166). In einem Zwischenfazit kommt er zu folgender Position:

> Der springende Punkt dieser Überlegungen ist, dass die gängige Leistungsbeurteilung die Kriterien [einer] Kultur der Anerkennung und der Voraussetzungen für das Erlernen einer demokratisch-bürgerschaftlichen Haltung nicht erfüllt, ja mehr noch: dass sie der Entwicklung von Selbstbestimmung, Selbstverantwortung und Solidarität diametral gegenüber steht [sic] (Schönig, 2010, S. 169).

In diesem Zusammenhang kritisiert er die Dominanz der über die Ziffernnoten transportierten Selektionsfunktion der Leistungsbeurteilung über die pädagogische Funktion der Leistungsbeurteilung (vgl. ebd.). Des Weiteren eröffnet er auch die grundsätzliche Frage, „inwieweit der Einbezug der Lernenden in die Schule jene ethischen Tiefenstrukturen zu erreichen vermag, die für substanzielle Einstellungen, Werte und Normen einer demokratischen Gesellschaft maßgebend sind" (ebd., S. 166). Für Schönig (2010, S. 173) eröffnet sich eine paradoxe Situation, in der Schulen die Ebene der Leistungsbeurteilung demokratisch begrenzen, um den Anforderungen des Berechtigungssystems gerecht zu werden. Schönig (2010) sieht anders als andere Autoren des Sammelbandes weniger Anlass zur Hoffnung auf eine baldige Auflösung des Spannungsfeldes, da eine selektierende Schule qua Definition seine eigenen Schüler*innen stigmatisiert und ungerecht ist. Ohne eine Abschaffung der Ziffernzensuren und eine Zurückdrängung der Selektionsfunktion ist für Schönig (2010, S. 177) die Widersprüchlichkeit zwischen Demokratieerziehung und Leistungsbeurteilung nicht aufzulösen. Lösungswege verbleiben bei Schönig (2010) auf der theoretischen Ebene. Er nennt Schüler*innenbeobachtungen, Lernentwicklungsberichte und Verbalzeugnisse als zuträgliche Instrumente, auch wenn er zum Ende betont, dass eine Beurteilung insbesondere humaner Dimensionen an die Grenze des Messbaren stößt (vgl. ebd., S. 177, 180).

In einer ähnlichen Weise pessimistisch zeigen sich Häcker und Winter (2010). Sie geben in ihrem Beitrag zunächst einen Überblick über Merkmale für das „traditionelle schulische System der Erbringung und Beurteilung von Leistungen" (Häcker & Winter, 2010, S. 296), die im besonderen Maße im Widerspruch zur Erziehung zur Mündigkeit stehen (vgl. ebd.). Für das Merkmal *Leistungsbeurteilung* steht dort: „Die Leistung wird allein von der Lehrperson beurteilt. Dies geschieht meist im sozialen Vergleich mit Schülerarbeiten. Dabei wird die relative Güte der Leistungen bestimmt. Die Form der Beurteilung ist eine Ziffer" (ebd., S. 297). Lehrkräfte haben traditionell ein monopolistisches Beurteilungsrecht mit schwachen Kontrollmechanismen (vgl.

ebd.). Für Häcker und Winter (2010) stellen Portfolios eine Möglichkeit dar, Leistungsbewertung zu demokratisieren und emanzipatorisch zu gestalten. Dennoch enden ihre Ausführungen mit der Erkenntnis, dass auch Portfolios die grundlegenden funktionalen Widersprüche der Schule – in denen Leistungsbewertung und Demokratieerziehung einen festen Platz haben – „nicht nur nicht auflösen können, sondern mitunter nur noch deutlicher sichtbar machen" (ebd., S. 307).

Das Spannungsfeld von Mündigkeit und Bewertung wurde empirisch bisher wenig erforscht. Zu nennen ist hier Wolfgang Beutel (2010, S. 252), der eine Fragebogenerhebung zum Spannungsverhältnis von demokratischer Lernqualität und Leistungsbeurteilung mit Schulen des Schulentwicklungsprojekts *Förderprogramm Demokratisch Handeln* durchgeführt und dabei die Problemwahrnehmung von 34 Lehrkräften in demokratiepädagogischen Projekten in den Blick genommen hat. Ausgewertet wurden die Daten teils quantitativ und teils als Inhaltsanalyse. Wolfgang Beutel (2010) stellt dabei fest, dass „das Problembewusstsein für die Spannung zwischen Lernen und Leistungsbewertung unter dem Aspekt der Demokratie groß ist" (S. 253). Die in der Studie erhobenen wahrgenommenen Herausforderungen und Schwierigkeiten im Spannungsfeld von Demokratiepädagogik und Leistungsbewertung bleiben allerdings sehr vage und in der Auswertung methodisch unklar (vgl. ebd., S. 270-271). Allgemein schienen jedoch vielfältige Bedenken bezüglich einer Bewertung der Projektarbeit geäußert worden zu sein, insbesondere bezüglich der Offenheit der Lernprozesse, der Lernenden-Motivation, des Teamgedankens, der Verschiedenartigkeit der Endprodukte und der Kreativität und Anerkennung der Arbeiten (vgl. ebd., S. 271). Im Widerspruch zu vorherigen Ausführungen der vorliegenden Arbeit zum antinomischen Spannungsfeld ist das Fazit von Wolfgang Beutel, dass die in der Demokratiepädagogik und Projektdidaktik fehlende adäquate Leistungsbewertung die Projektarbeit zu einem defizitären Lernfeld macht und „dringlich eine eigene Leistungsbewertung oder gar ‚Notengebung' benötigt" (ebd., S. 272).

5.2 Vorstellung der Referenzstudie

Die Anlage und das Vorgehen der vorliegenden Studie orientieren sich an *Fördern und Auslesen. Deutungsmuster von Lehrpersonen zu einem beruflichen Dilemma* von Streckeisen et al. (2007) von der Pädagogischen Hochschule Bern. In der zunächst nur in der Primarstufe durchgeführten und später auf die Sekundarstufe erweiterten Studie ging es um die Fragestellung, wie Lehrkräfte mit dem Handlungsproblem deutend umgehen, die Lernenden sowohl fördern als auch selektieren zu müssen. Stichprobe der Studie waren 37 nicht-standardisierte Interviews mit Lehrkräften, die in Schulen der Sekundarstufe 1 (25) und der Primarstufe (12) der Stadt Bern unterrichten. In der Studie wurden Deutungsmuster als Formen überindividuellen Wissens erfasst, die Informationen über die handlungsleitenden Routinen einer Berufsgruppe geben, und davon ausgehend eine Typenbildung vorgenommen (vgl. Streckeisen et al., 2007, S. 64). Streckeisen et al. (2007) orientierten sich dabei am Deutungsmusteransatz von Oevermann (1973) und wählten die sequenzanalytische Interpretationsmethode der Objektiven Hermeneutik (vgl. Oevermann, 1991; Oevermann, 1993; Wernet, 2000). In der Analyse ergaben sich die fünf Typen *Auslese der Besten* (Typ 1), *Selektion als Platzanweisung* (Typ 2), *Disziplinierung* (Typ 3), *Ringen um ein Arbeitsbündnis* (Typ 4) und *Fördern jenseits der Selektion* (Typ 5). Ergebnis der Studie war, dass sich Lehrkräfte in der Regel zugunsten der einen oder der anderen Anforderung entschieden und den unauflösbaren Widerspruch der beiden Anforderungen meist ausblendeten. Dennoch zeigte sich auch, dass sich die Lehrkräfte der Typen vier und fünf dem Spannungsfeld deutlich sensibler zeigten als die Lehrkräfte der übrigen Typen (Streckeisen et al., 2007, S. 302). Außerdem zeigten sich Bedingtheiten zwischen den konkreten Handlungsbedingungen (z.B. Schulmodell, Quartiermerkmale, etc.) und der spezifischen Gestalt der Deutungsmuster (ebd.). Die Studienergebnisse wurden in mehreren Folgeveröffentlichungen unter bestimmten Teilaspekten diskutiert (vgl. Streckeisen et al., 2008; Streckeisen et al., 2009; Streckeisen et al., 2011; Streckeisen, 2012).

5. Antinomien und das Verhältnis von Bewertung und Mündigkeit

Die vorliegende Studie untersucht das Spannungsfeld von Mündigkeit und Bewertung in Anlehnung an das Vorgehen von Streckeisen et al. (2007), in dem sie ebenfalls durch qualitative Interviews die Hintergrundüberzeugungen und Deutungen von Lehrkräften analysiert. Auch die Anlage der Interviews und die Konzeption des Leitfadens orientieren sich an Streckeisen et al. (2007). Im Unterschied zur Referenzstudie werden die erhobenen Interviews jedoch nicht sequenzanalytisch, sondern kategorienbasiert (vgl. Kuckartz & Rädiker, 2022) ausgewertet. Daher findet keine Übernahme von Kategorien aus Streckeisen et al. (2007) statt.

6. Verfahren und Methodik der Studie

In der vorliegenden Studie wurden acht nicht-standardisierte Interviews mit Lehrkräften von zwei nordrhein-westfälischen Schulen geführt. Hierbei handelt es sich einerseits um ein städtisches Ganztagsgymnasium mit einem großen türkischstämmigen Einzugsgebiet und einem hohen Sozialindex (berechnet aus Quoten der Kinderarmut, dem Migrationshintergrund und den Förderbedarfen, vgl. MfSB-NRW, o.J.b). Die Schule führt ab Ende der sechsten Klasse Abschulungen durch, davor ist auch kein ‚Sitzenbleiben' vorgesehen. Bei der zweiten Schule handelt es sich um eine städtische Gesamtschule mit gymnasialer Oberstufe und einem vergleichsweise niedrigen Sozialindex (vgl. MfSB-NRW, o.J.b). Die Schule führt in den Klassen fünf bis acht kein ‚Sitzenbleiben' durch und ist daher nach eigenen Angaben erst ab Klasse neun selektierend. Die Kinder werden im Unterricht auf drei verschiedene Lernniveaus aufgeteilt. Die Schule macht besonders im Thema *selbstorganisiertes Lernen* durch selbstregulierte Lernbürozeiten, Schulplaner und Projektzeiten auf sich aufmerksam.

Die acht interviewten Lehrkräfte entstammen jeweils zur Hälfte der beiden untersuchten Schulen. Die Auswahl der Lehrkräfte erfolgte willkürlich. Bis auf eine Lehrkraft, die sich freiwillig auf die Ankündigung der Studie durch die Schulleitung gemeldet hat, sind die Interviews durch Ad-hoc-Bekanntschaften in den Lehrkräftezimmern entstanden. Es handelt sich daher in der vorliegenden Studie um eine Gelegenheitsstichprobe. Es zeigt sich eine breite Mischung bei den Fächern und Fächerkombinationen der Lehrkräfte. Drei Lehrkräfte verfügen über ein Mathematikstudium, drei über ein Studium einer Fremdsprache und eine Lehrkraft über ein Deutschstudium. Die studierten Nebenfächer umfassen Physik, Geschichte, Biologie, Musik und katholische Religionslehre. Sechs der acht interviewten Lehrkräfte haben ein Studium absolviert, das sie für den Unterricht am Gymnasium bzw. in der gymnasialen Oberstufe qualifiziert. Die zwei übrigen Lehrkräfte der Gesamtschule verfügen über ein Sek 1-Studium. Die Mehrzahl der interviewten Lehrkräfte ist weiblich (6). Die Stichprobe umfasst vier Lehrkräfte mit mittlerer Schuldiensterfahrung von 7-18 Jahren und vier weitere Lehrkräfte mit hoher Schuldiensterfahrung von 24-33 Jahren.

Die 20-30-minütigen Interviews wurden entweder in den Groß-raum-Lehrkräftezimmern oder in davon abgetrennten Büro- und Klassenräumen gehalten. Die grundsätzlich strukturell offen gehaltenen Interviews verband als einheitliches Element ein Eingangsstatement des Interviewers, das nahezu identisch vorgetragen wurde. Ein Leitfaden diente als Absicherung, gedankliche Stütze und Notizblatt in den Interviews, ohne jedoch den Raum für freie Entwicklung der Interviews zu beschränken (vgl. Anhang 2). Die Interviews boten bewusst Raum, um Nachfragen zu stellen oder auch gezielt bei Äußerungen der Interviewten intervenieren zu können. Nach Schütze (1980) kann nur so auf die *latente* Ebene vorgestoßen werden. Gleichzeitig wurden auch die Leitlinien des *problemzentrierten Interviews* berücksichtigt, indem Rückfragen, Konfrontationen und Rückspiegelungen bewusste Elemente der Interviews darstellten (vgl. Kurz et al., 2007, S. 466; Witzel 1982, S.66). Am Anfang jedes Interviews wurden einige biografische Daten abgefragt (vgl. Anhang 1).

Die Interviewkonzeption sowie die Nutzung und Ausgestaltung des Leitfadens orientiert sich an der Referenzstudie von Streckeisen et al. (2007). Wie bei Streckeisen et al. (2007) steht eine Einstiegsfrage im Zentrum der Interviews. In der vorliegenden Studie wurde sie maßgeblich anhand der Überlegungen in Kapitel 5 generiert: „Als Lehrer*in hast Du auf der einen Seite die Aufgabe, Deine Schülerinnen und Schüler zu mündigen Bürger*innen zu erziehen. Auf der anderen Seite musst Du deine Schülerinnen und Schüler aber auch bewerten. Du musst also zwei Aufgaben wahrnehmen, die zueinander im Widerspruch stehen: Mündigkeitserziehung und Bewertung. Mich interessiert, wie Du mit dieser Spannung umgehst" (vgl. Anhang 2). Ebenso wie bei Streckeisen et al. (2007) wurden zu dieser Einstiegsfrage stichpunktartig Rückfragenimpulse formuliert, die nach Ermessen des Interviewenden genutzt werden konnten. Die Einstiegsfrage wurde zudem durch zwei Schwerpunktthemen erweitert, die jeweils den Aspekt der Mündigkeitserziehung und der Bewertung in den Fokus rückten und zu denen ebenfalls Rückfragenimpulse formuliert wurden (vgl. Anhang 2). Auch dies ist konzeptionell an Streckeisen et al. (2007) angelehnt. Die Interviews und der Leitfaden wurden mit drei Lehramtstudierenden pilotiert und anschließend anhand von Reflexionsfragen besprochen. In der Folge wurde die Einstiegsfrage leicht adaptiert und insbesondere neue Impulse für Rückfragen aufgenommen. Die aufgezeichneten Interviews wurden nach dem einfachen Transkriptionssystem von Dresing und Pehl (2015) transkribiert.

Die vorliegende Arbeit verfolgt eine qualitative Auswertung der Interviews, da in dieser Arbeit das Sinnverstehen der Lehrkraftäußerungen im Zentrum der Analyse steht (vgl. Kuckartz & Rädiker, 2022, S. 23). Zudem eignet sich der explorative Charakter der Studie für ein qualitatives Vorgehen (vgl. ebd., S. 29). Die vorliegende Arbeit folgt der Definition nach Kuckartz und Rädiker (2022):

> Unter qualitativer Inhaltsanalyse wird die systematische und methodisch kontrollierte wissenschaftliche Analyse von Texten [...] verstanden. Es werden nicht nur manifeste, sondern auch latente Inhalte analysiert. Im Zentrum der qualitativen Analyse stehen Kategorien, mit denen das gesamte für die Forschungsfrage(n) bedeutsame Material codiert wird (S. 39).

Die Kategorienbildung in dieser Arbeit erfolgte induktiv am Material unter Zuhilfenahme des Leitfadens. Das Auswertungsverfahren entspricht im Wesentlichen dem Ablaufmodell der *inhaltlich strukturierenden qualitativen Inhaltsanalyse*, wie es in Kuckartz und Rädiker (2022) beschrieben wird (vgl. Abbildung 2). Die transkribierten Interviews wurden in einer initiierenden Datenexploration (vgl. Kuckartz & Rädiker, 2022, S. 119-122) intensiv gelesen und einer ersten fallbezogenen Analyse bezüglich formaler und inhaltlicher Auffälligkeiten unterzogen. In diesem Schritt wurden die Interviews auch mit resümierenden Fallzusammenfassungen und prägnanten Kurzbezeichnungen versehen und die erhobenen biografischen Daten wurden tabellarisch gesichert (vgl. Anhang 1).

Abbildung 2

Ablauf einer inhaltlich strukturierenden qualitativen Inhaltsanalyse nach Kuckartz und Rädiker (2022, S. 132)

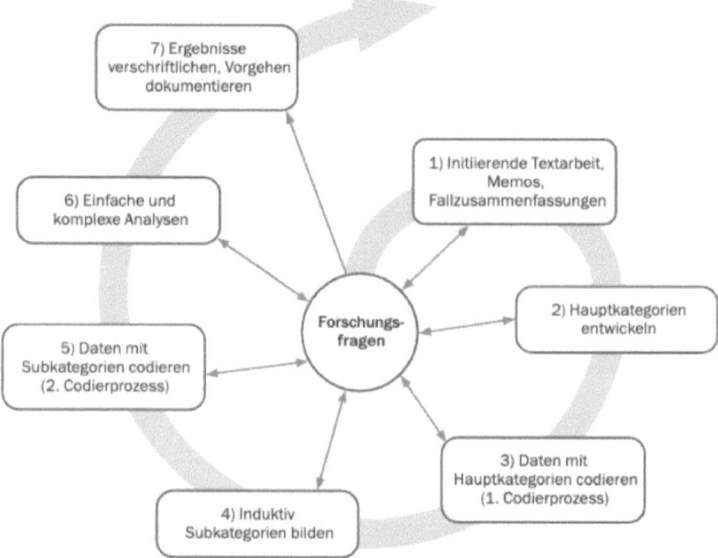

In der zweiten Phase wurden, in enger Anlehnung an den Interviewleitfaden und die Forschungsfrage, die drei Hauptkategorien *Bewertung*, *Mündigkeit* und *Annahmen zum Spannungsfeld* entwickelt. Diese wurden zunächst an einem kleinen Anteil des gesamten Auswertungsmaterial erprobt, bevor in Phase drei, dem ersten Codierprozess, jeder Sinnabschnitt der Interviews zu einer der Hauptkategorien zugeordnet wurde. In der vierten Phase erfolgte eine „Ausdifferenzierung der zunächst noch relativ allgemeinen Kategorien" (Kuckartz & Rädiker, 2022, S. 138) in 20 Subkategorien (vgl. Abbildung 3). Das sich herausbildende Kategoriensystem ist folglich hierarchisch aufgebaut. Der Kategorie *Bewertung* wurden elf Subkategorien unterstellt, der Kategorie *Mündigkeit* sieben. Bei der Kategorie *Annahmen zum Spannungsfeld* wurde aus auswertungspraktischen Gründen auf eine Subkategorisierung verzichtet und stattdessen eine fallbezogene Sortierung vorgenommen, die in Stichpunkten und Mottos zusammengefasst wurde. Die im Rahmen der vorliegenden Datenauswertung entwickelten Kategorien sind nach Kuckartz und Rädiker (2022, S. 56) als *thematische Kategorien* zu verstehen und ermöglichen eine feingliedrige Zuordnung unterschiedlicher Interviewinhalte zu verschiedenen Kategorien. In Phase fünf folgte ein zweiter Codierprozess, diesmal wurden die originalen Sinnabschnitte aus den Interviews den 20 Subkategorien zugeordnet. Zur Übersichtlichkeit wurden, wie beim ersten Codierprozess, die Zitate mit anonymen Fallnamen und Seitenzahlen versehen.

Abbildung 3

Übersicht über die Haupt- und Subkategorien, eigene Darstellung

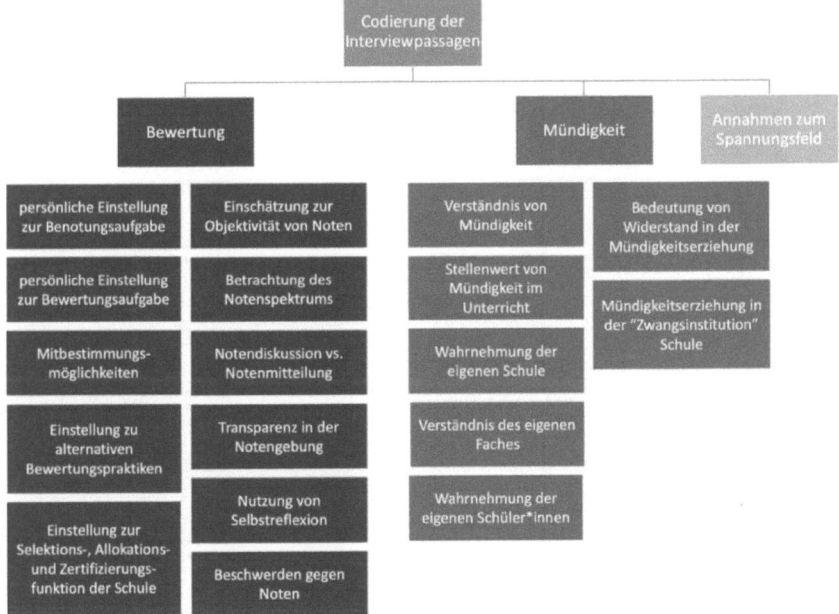

Zur Vorbereitung der *einfachen und komplexen Analysen* wurde ein Zwischenschritt eingebaut, der bei Kuckartz und Rädiker (2022) als *fallbezogene thematische Zusammenfassungen* bezeichnet wird, und in der Abbildung zwei nicht enthalten ist. Ziel ist eine Strukturierung der teils umfangreichen und über mehrere Textstellen verteilten Positionen der Lehrkräfte in den einzelnen thematischen Subkategorien. Dafür wurden die Originalzitate der Interviewteilnehmenden inhaltlich konzentriert und mit einem analytischen Blick in einer Themenmatrix in eigenen Worten zusammengefasst (vgl. ebd., S. 143). Die textbasierten analytischen Zusammenfassungen in dieser Matrix wurden wiederum Ausgangspunkt für eine systematische Überarbeitung der in Phase eins erstellten Fallzusammenfassungen, die in ihrer endgültigen Fassung in Anhang 1 zu finden sind. Zudem diente die Matrix in der Analyse sowohl als Ausgangspunkt für die Entwicklung eines Koordinatensystems als auch als Vorbereitung für die *vertiefenden Einzelfallanalysen* (vgl. ebd., S. 147).

7. Vorstellung der Untersuchungsergebnisse

Die interviewten Lehrkräfte können das Verhältnis von Mündigkeitserziehung und Bewertung grundsätzlich als spannungsgeladen oder als spannungsfrei betrachten. Ziel dieser Arbeit ist, die individuellen Begründungszusammenhänge und die handlungsleitenden Deutungen der Lehrkräfte im Rahmen des Spannungsfeldes zu analysieren. Dafür wurden alle acht Interviews einer Einzelfallanalyse unterzogen, die im Folgenden in konzentrierter Form vorgestellt werden.

7.1 Einzelfallanalysen[2]

7.1.1 Der Fall Karina: Resignation im naturwissenschaftlichen Fachunterricht

Karina betrachtet Bewertung und Mündigkeit nicht als Spannungsverhältnis. Zur Kontextualisierung dieser Einschätzung werden die folgenden Aspekte des Interviews genauer beleuchtet: Karinas einseitige Fokussierung der fachlichen Aspekte ihres Unterrichtes, ihre negative Haltung zu Widerstand, ihre passiv-konformistische Einstellung zu zentralen Elementen ihres Berufes und ihre pseudopartizipative Notengebung.

Karinas Fokus auf den Fachunterricht

Im Interview zeigt sich, dass Karina sich in ihrem Unterricht vorwiegend als Fachlehrerin für ihre Fächer Mathe und Physik betrachtet: „[Ich bin] ehrlich gesagt sehr fixiert auf mein Fach" (I 1, S. 2: 33). Mündigkeitserziehung erkennt sie zwar unter anderem auch als ihre Aufgabe an, insbesondere wenn es um Wissensvermittlung zur Meinungsbildung geht oder um ungeplante Konfliktlösungen im Unterricht, dies

---

[2] Die Quellenangabe erfolgt durch die Nennung der Interviewnummer, der Seiten- und Zeilenzahl der jeweiligen archivierten Transkripte. Die Namen der Lehrkräfte sind anonymisiert.

scheint jedoch nicht wirklich im Zentrum ihrer Berufsausübung zu liegen. Denn auf die Frage, ob die Schüler*innen demokratische oder mündige Erfahrungen machen würden, antwortet sie mit vorangestelltem Seufzer selbstkritisch: „Ich glaub ja, aber (…) nicht in meinem Unterricht" (I 1, S. 5: 1). Hierbei macht sie auch deutlich, dass sich für die Mündigkeitserziehung primär andere Fächer, die Pausen „oder so eine Klassenlehrerstunde" (I 1, S. 5: 4) anbieten würden.

Karinas negatives Bild von Widerstand

Zu Karinas Vernachlässigung der Mündigkeitserziehung gesellt sich ein stark negativ geprägtes Bild des verschmähten Schüler*innen-Widerstandes: „Also im Moment bin ich so ein bisschen in einem Loch, dass ich das Gefühl hab, gerade mit meinen Fächern, dass es eine absolute Lustlosigkeit gibt und Widerstand gegen, gegen alles" (I 1, S. 3: 8-10). Mit gewisser Resignation schreibt sie ihren Schüler*innen fehlende Leistungsbereitschaft, Eigeninitiative und Interesse zu. Zu pubertärem Gehabe und inhaltlicher Überforderung komme eine pauschale Verweigerungshaltung gegenüber ihren Fächern erschwerend hinzu. Der von ihr angeführte „vernünftige" (I 1, S. 2: 47) Widerstand scheint in ihrer Unterrichtsrealität kaum zum Tragen zu kommen. Stattdessen schwärmt sie von ihren Oberstufenkursen, die „fluppen, weil kein Widerstand da ist" (I 1, S. 3: 38).

Karinas passiver Eskapismus

Auch wenn Karina offensichtlich Probleme mit der demotivierenden Notengebung („Ja, also, ich hasse es" (I 1, S. 4: 24)) und der Schulpflicht („Man hat ständig die Diskussion, dass man eigentlich nicht will" (I 1, S. 2: 17)) hat, hinterfragt sie diese Aspekte von Schule nicht. Sie begnügt sich mit tautologischen Truismen wie „das ist einfach so" (I 1, S. 2: 16) und „es gehört halt auch dazu" (I 1, S. 4: 33). In diesen Antworten offenbaren sich bei Karina eskapistische Züge, also Tendenzen, der Realität und der damit einhergehenden Anforderungen durch passive Konformität zu entfliehen.

Karinas pseudopartizipative Notengebung

Karina betont die Wichtigkeit einer grundsätzlichen Kritikmöglichkeit an der Notengebung. Die Kritik hat in ihren Augen jedoch eine ausschließlich demonstrative Funktion und ist wirkungslos. Sie spricht sich mehrmals explizit gegen Mitspracherechte in der Notengebung aus: „Also die Schüler sagen ja immer: ‚Können wir die Noten diskutieren oder besprechen?' Dann denk ich: Nee, wir besprechen die in dem Sinne nicht. Aber ich erklär die Noten" (I 1, S. 4: 2-4). Auch eine potenziell fehlerbehaftete Notengebung rechtfertige Diskussionen nicht, denn ihren Schüler*innen fehlt in ihren Augen die notwendige Fähigkeit zur reflektierten Selbsteinschätzung.

7.1.2 Der Fall Anika: leidenschaftliche Mündigkeitserziehung im kaputten System

Anika betrachtet die an sie gestellten Aufgaben der Mündigkeitserziehung und Bewertung in der sich ihr stellenden Berufsrealität als äußerst spannungsgeladen und nicht miteinander vereinbar. Die Geschichts- und Mathelehrerin trennt dabei die Herzensangelegenheit der Mündigkeitserziehung klar von dem ihr aufgezwungenen Übel der Notengebung ab. Bei Anikas Ausführungen zum Spannungsfeld kristallisieren sich folgende Aspekte als besonders relevant heraus: Anikas Grundsatzkritik am Bewertungs- und Schulsystem, ihr weitreichender Reformeifer, ihre Solidarisierung mit einer idealisierten Klientel und ihre Leidenschaft für handlungsorientierte Mündigkeitserziehung.

Grundsatzkritik am Bewertungs- und Schulsystem

Anikas Ausführungen sind charakterisiert durch eine fundamentale Systemkritik, sowohl am Bewertungssystem im Speziellen als auch an der Schule im Allgemeinen. Das Notensystem wird in ihren Augen weder Lehrkräften noch Schüler*innen gerecht und ist zudem in der Realität nicht objektiv anwendbar. Sie kritisiert polemisch unfaire Notendefinitionen und Klassenarbeiten und hinterfragt die inhaltliche und prognostische Validität von Noten. In ihren Ausführungen erhält ihre Systemkritik immer fundamentalere Züge. Sie zweifelt an der prognostischen Validität der Abiturnote für den Studienerfolg und betrachtet dies als Argument, die gesellschaftliche Funktion der Notengebung und die Allokations- und Zertifizierungsfunktion der Schule insgesamt vollständig abzulehnen und als gesellschaftliche Fehlentwicklung zu betrachten. Selbst schulische Leistungsmessung wird von ihr abgelehnt, hier offenbart sich ein defizitäres Test- und Diagnostikverständnis. Am Schulsystem im Allgemeinen kritisiert sie die hohe Stoffdichte, unterrichtliche und curriculare Vorgaben und Testpflichten.

Anikas Reformeifer

Einher mit Anikas systemischer Grundsatzkritik gehen eine Reihe teils fundamentaler Reformvorschläge. Sie argumentiert für alternative Bewertungspraktiken, insbesondere für textuelle Rückmeldungen anstelle von Noten, und für eine aktive Stimme des Kindes in der Leistungsbeurteilung. Es wird dabei schnell klar, dass ihre reformierte Bewertungsaufgabe einen vollständig formativen Charakter hat, sich an der individuellen Bezugsnorm orientiert, individualisiert erfolgen soll und mit den gesellschaftlichen Funktionen von schulischer Leistungsbewertung nicht vereinbar ist. Auch nutzt sie dabei vorwiegend Worte wie Protokollierung oder Einstufung (vgl. I 2, S. 2: 22-23). Statt Schulnoten, Zeugnissen und Abitur spricht sie sich für externe Eignungstests und individuelle Reflexionen als allokative Steuerungsmechanismen aus.

Solidarisierung mit einer idealisierten Klientel

Anika solidarisiert sich in ihren Ausführungen mit ihren Schüler*innen, die sie als Opfer des Systems betrachtet. Sie spricht ihnen eine inhärente Lernfreude zu, die durch externe Barrieren verhindert wird. Dazu zählen die mehrfach kritisierten Klassenarbeiten, Lehrkräfte, die keinen „disziplinierten" (I 2, S. 5: 34) Unterricht machen, eine „viel zu hohe Stofffülle [...] und eine viel zu enge Stundenbindung an alle möglichen Vorgaben" (I 2, S. 3: 18-19). Insbesondere solidarisiert sie sich mit Schüler*innen ohne schulpolitische Ämter, die die Schule nicht als demokratischen Ort erleben: „Ich sag den Kindern das immer: Schule ist ein undemokratisches System, in dem wir euch aber beibringen sollen, die Demokratie zu leben" (I 2, S. 4: 33-34). Sie bemängelt in einer Outcome-Perspektive den fehlenden Erfolg des demonstrativen Engagements ihrer Schüler*innen, was sie am konkreten Fall an ausbleibenden Konsequenzen bei Beschwerden über Lehrkräfte festmacht. Ihre Solidarisierung mit den Schüler*innen wird bei der Bewertungsaufgabe am deutlichsten, bei der sie sich, ebenso wie ihre Schüler*innen, dem Zwang der Benotung unterworfen sieht. Anika kommuniziert dies mit ihren Schüler*innen, begibt sich damit auf die Seite der Ausgelieferten und durchbricht so das der Benotung innewohnende Machtgefälle.

Leidenschaft für handlungsorientierte Mündigkeitserziehung

Anika unterstützt die Aufgabe der Mündigkeitserziehung mit Leidenschaft. Schwerpunktmäßig bedeutet Mündigkeitserziehung für sie eine Erziehung „zu aktiven Demokratinnen und Demokraten" (I 2, S. 1: 17). Die ihrem Mündigkeitsverständnis innewohnende Handlungsorientierung wird noch deutlicher, als sie von einer Erziehung zu reflektierter Gesellschaftsbeteiligung und zum Kampf für die Demokratie spricht (vgl. I 2, S. 1: 23). In ihren Ausführungen zum Engagement für Europa und die Weltgemeinschaft kommt ein kosmopolitisch-kommunitaristisches Weltbild zutage. Das kaputte Schulsystem verhindere Mündigkeitserziehung zwar immer wieder, dennoch betrachtet sie die Schule in pragmatischer Perspektive als besten Ort zur Mündigkeitserziehung, der in Ermangelung überzeugender Alternativen zumindest ein vielfältiges Kollegium aufweist, das dem demokratischen Grundsatz verpflichtet ist.

7.1.3 Der Fall Elisabeth: Ringen um die eigene Position

Elisabeths Äußerungen lassen keine widerspruchsfreie Positionierung im Spannungsfeld von Mündigkeitserziehung und Bewertung zu. Dieser Befund soll im Folgenden anhand dieser Aspekte genauer beleuchtet werden: ihr ambivalentes Verhältnis zum Spannungsfeld, ihre habituelle Unsicherheit zu Mündigkeit und ihre formative Umdeutung der ungeliebten Notengebung.

Ambivalentes Verhältnis zum Spannungsfeld

Elisabeth formuliert widersprüchliche Aussagen zum Spannungsfeld von Mündigkeitserziehung und Bewertung. Bei der Benotung macht sie eine „klare Hierarchie und [..] Machtgefälle" (I 3, S. 2: 17-18) als problematisch wirkende Kräfte für die Mündigkeitserziehung aus. Sie stellt fest: „Das ist ja schon auch was, was wir uns als Ziel und als Aufgabe setzen, ne, mündige Schüler und Schülerinnen zu erziehen und eigentlich kommt einem da die Benotung immer in die Quere oder dieses, diese Hierarchie, oder ich weiß jetzt nicht wie ich das nennen soll, ne" (I 3, S. 3: 15-18). Eben jenes Machtgefälle wird jedoch an anderer Stelle als notwendiger Lernprozess der Schüler*innen legitimiert, das durch reflektierte und kritische Lehrkräfte sogar Mündigkeit fördern kann. Wiederum an anderer Stelle betont Elisabeth: „Ich habe es ehrlich gesagt nie als Spannungsfeld zwischen Bewertungen und Mündigkeit wahrgenommen" (I 2, S. 2: 44-45) und zieht damit oben genannte Aussagen in Zweifel. Ihr ambivalentes Verhältnis zum Spannungsfeld äußert sich außerdem in ihren Ausführungen zur Trennung von Lern- und Leistungsräumen. Diese betrachtet sie auf der theoretischen Ebene als potenzielle Auflösung des Spannungsfeldes, insbesondere wenn dies Schüler*innen transparent kommuniziert wird. Nachdem sie eine Trennung im Alltag als schwierig bezeichnet und insbesondere die mündliche Notengebung problematisiert, verkehrt sie den theoretischen Lösungsansatz in sein Gegenteil und betrachtet Lernprozesse und Mündigkeit als bewertungsrelevante Aspekte von Leistung. Im Interview driftet Elisabeth zudem mehrfach in das Spannungsfeld von Fördern und Auslesen ab.

Habituelle Unsicherheit zu Mündigkeit

Elisabeth zeigt bezüglich des Mündigkeitsbegriffes deutliche Unsicherheiten, was sich sprachlich durch Ausdrücke wie „ja, eigentlich schon, ne?" (I 3, S. 3: 46) oder „glaub ich" (ebd.) und durch Schwierigkeiten bei der Beurteilung des Stellenwertes von Mündigkeit in ihrem erzieherischen Handeln zeigt. Im Laufe der Analyse präsentiert Elisabeth ambivalente Einstellungen zum Mündigkeitsbegriff und der Mündigkeitserziehung. An einer Stelle sagt sie: „Mündigkeit ist tatsächlich, dieser Begriff ist mir eigentlich nie in den Sinn gekommen" (I 3, S. 3: 30-31), setzt aber weiter vorne im Interview Mündigkeit sehr konkret in ein Verhältnis zu ihrer Unterrichtspraxis. Zu Beginn präsentiert sie ein Mündigkeitsverständnis, das kaum über den Schulkontext hinausgeht, an anderer Stelle kommuniziert sie unter Verweis auf die zukünftigen „Wähler und Wählerinnen" (I 3, S. 3: 35) ein sehr politisches Verständnis. Ihre Definition des Begriffes enthält keinen explizit gesellschaftlichen Charakter, sondern umfasst Meinungsbildung und -hinterfragung auf der persönlichen Ebene mit einem Fokus auf digitale Mündigkeit. An anderer Stelle betont sie die Bedeutung von Kritik und Widerstand in der Mündigkeitserziehung. Wiederum an einem anderen Punkt wird Mündigkeit als individueller Akt der Schüler*innen gegen die Zwänge der Schule verstanden.

Formative Umdeutung der ungeliebten Notengebung

Deutlicher werden Elisabeths Einstellungen zu der Notengebung selbst. Mehrfach betont sie mit stark aufgeladenen negativen Adjektiven wie „total ätzend" (I 3, S. 3: 6) ihre Aversion gegenüber der Bewertungsaufgabe. Es wird dabei deutlich, dass sie neben Korrekturphasen vor allem der selektionsrelevante Aspekt der Benotungsaufgabe stört, dabei insbesondere die Verantwortung für die Zukunft der Schüler*innen und der Abwägungsprozess bei der Notenfestlegung. Sie verbleibt dabei allerdings auf der persönlichen Empfindungsebene und hinterfragt die hintergründig verantwortlichen Schulfunktionen und das System nicht. Stattdessen behilft sie sich mit einer formativen Umdeutung der Notenbesprechung, die sich von dem eigentlichen Zweck der Mitteilung summativer Noten entfernt und zu einem Beratungsgespräch wird, bei dem sie versucht, ihre Schüler*innen „mit ins Boot zu holen" (I 3, S. 2: 36).

7.1.4 Der Fall Alyssa: (pseudo-)partizipative Notengebung

Für Alyssa existiert ein nicht ganz auflösbares, aber durch partizipative Notengebung beherrschbares Spannungsfeld zwischen Bewertung und Mündigkeitserziehung. Ihr Handeln im Rahmen dieser zwei Aufgaben ist durch folgende Aspekte kontextualisierbar: Alyssas (pseudo-)partizipative Notengebung, ihre Selbstverwirklichung in den Grenzen des Systems und ihre simultane Identifikation mit der Mündigkeits- und Bewertungsaufgabe.

Alyssas (pseudo-)partizipative Notengebung

Alyssa sieht in der Notengebung den zentralen Schlüssel zur Minimierung des Spannungsfeldes, das sich in ihrer Wahrnehmung besonders bei jüngeren Schüler*innen auftut. Die Notenpraxis gestaltet sie nicht nur transparent und nachvollziehbar, sondern auch partizipativ. Dies reicht von transparenten, vorab gemeinsam entwickelten Bewertungskriterien, über diskursiv-deliberative Notenbesprechungen, bis hin zu Mitentscheidungsrechten bei der Notenvergabe an sich. Ziel ihrer Vorhaben ist es, im Gegensatz zu den Erfahrungen ihrer eigenen Schulzeit, ein Gefühl der Selbstwirksamkeit zu erzeugen. Wenn sie davon spricht, dass sie „teilweise Bewertungssituationen freistell[t]" (I 4, S. 2: 7) und zu durchgeführten Selbst- und Peerbewertungen resümiert: „Da geh ich dann nicht mehr ran. Das ist dann die Note für diese Stunde", wird deutlich, dass sie die Mitentscheidungsrechte ernst meint und ihr Bewertungsmonopol aufweicht. Die daraus resultierenden potenziellen Interessenkonflikte für die Schüler*innen und Probleme bezüglich der selektionsrelevanten Bewertungskomponente werden in Kapitel acht diskutiert. Es kann bei Alyssa trotzdem nicht vorbehaltlos von einer ‚echten' Partizipation gesprochen werden, denn, wie sie selbst einräumt, erfahren die Schüler*innen allenfalls „ein bisschen Mitbestimmung" (I 4, S. 4: 36). Notensetzende Selbst- und Peerbewertungen finden „natürlich nur ganz selten" (I 4, S. 2: 29-30) statt und in allen anderen Fällen ist Alyssa „natürlich […] die, die die Note drunter schreibt" (I 4, S. 2: 4-5). Die Wahl des Kommentaradverbs drückt Alyssas Selbstverständlichkeit aus, mit der sie das Bewertungsmonopol dann auch wieder akzeptiert. In Kombination mit dem mehrfach geäußerten Wunsch, den Schüler*innen eine *gefühlte* Mitwirkung zu ermöglichen, kann hier auch von pseudopartizipativen Tendenzen gesprochen werden.

Alyssas Selbstverwirklichung in den Grenzen des Systems

Durch das gesamte Interview hindurch zieht sich eine aktive, handlungsorientierte und selbstbezogene Berichtsform, bei der Alyssa und ihr eigener Unterricht im ungeteilten Fokus stehen. Anstatt abstrakter oder systemischer Perspektiven steht Alyssas persönliches Handeln innerhalb der Handlungsspielräume des Systems im Fokus. Bei ihren Ausführungen zu partizipativer Notengebung wird deutlich, dass sie bereit ist, die Grenzen des Systems so weit auszureizen, wie es für die Verwirklichung ihrer eigenen Ansprüche möglich ist. Dies koppelt Alyssa mit einer pragmatischen Herangehensweise, die bei der Evaluierung des Spannungsfeldes zum Beispiel dazu führt, es rein nach dem Kriterium zu betrachten, ob es in ihrer aktuellen Lebensrealität gerade für reale Konflikte sorgt.

Simultane Identifikation mit der Mündigkeits- und Bewertungsaufgabe

In Alyssas Interview zeigen sich sowohl eine klare Identifikation mit einem anspruchsvollen Mündigkeitsbegriff als auch eine deutliche Unterstützung der schulischen Bewertungsaufgabe. Ihr Mündigkeitsbegriff hat eine deutliche kritische Komponente und ist handlungsorientiert. Widerstand entlang gewisser Regeln und Grenzen versteht sie dabei explizit als Aspekt von Mündigkeit. Dies veranlasst sie jedoch nicht dazu, die Bewertungsaufgabe zu kritisieren oder gar abzulehnen. Ganz im Gegenteil: Sie zeigt eine große Überzeugung für die Verwirklichung der Leistungsgesellschaft in der Schule. Selbst Noten werden von ihr ausschließlich aufgrund ihrer mangelnden Differenziertheit kritisiert. Die simultane Identifikation mit beiden Aufgaben führt Alyssa in schwieriges Fahrwasser, in dem sie sich mit argumentativen Kniffen behauptet. Mit ihrem Verweis auf die Leistungsgesellschaft externalisiert Alyssa die schulische Bewertungsaufgabe als gesellschaftliche Pflicht und Dienst. In ihrer Betrachtung tut sie ihren Schüler*innen einen Gefallen, sie durch die Notengebung an die Leistungsgesellschaft zu gewöhnen. Mit ihrer pragmatisch-praktischen Sichtweise räumt sie zudem theoretische Vorbehalte aus dem Weg. Ein durch Noten gestörtes Arbeitsbündnis nimmt sie in ihrer Praxis nicht wahr und der Zwangscharakter der Schule ist ebenfalls kein Problem, weil die Schüler*innen in der Praxis Interesse an Mitgestaltung zeigen.

7.1.5 Der Fall Anja: spannungsfrei an einer demokratischen Schule

Anja nimmt keine negativen Interferenzen im Spannungsfeld von Mündigkeit und Bewertung wahr, die sie als „zwei verschiedene Paar Schuhe" (I 5, S. 1: 41) bezeichnet. Diese Einschätzung soll unter Berücksichtigung folgender Aspekte diskutiert werden: Anjas anpassend-reifendes Mündigkeitsverständnis, ihr Selbstverständnis von der Bewertungsaufgabe und die demokratische Schule als Spannungslöser.

Anpassend-reifendes Mündigkeitsverständnis

Anjas Mündigkeitsverständnis hat einen einseitig anpassend-reifenden und autoritätentreuen Charakter. Mündigkeit hat für sie zwar einen großen Stellenwert, beschränkt sich im Wesentlichen aber auf eine erfolgreiche Lebensbewältigung und ist ansonsten sehr schulisch geprägt. Es hat keinen kritischen Gehalt und beinhaltet nicht einmal eine meinungsbildende Komponente. Für sie ist die Notengebung sogar Baustein der Mündigkeitserziehung, denn Mündigkeit bedeutet in diesem konkreten Fall, die Mechanismen des Notensystems zu verstehen und sich ihnen fügen zu können. Gleichzeitig wälzt die Deutsch-, Englisch- und Religionslehrerin die Mündigkeitsaufgabe auf andere Fächer ab, die sie allerdings nicht weiter präzisiert, versteht damit Mündigkeitserziehung also auch nicht als Querschnittsaufgabe, die in allen Fächern geleistet werden muss.

Selbstverständnis von der Bewertungsaufgabe

Anja identifiziert sich klar mit der summativen Bewertungsaufgabe, die mitunter wie ein Naturgesetz erscheint, das gar nicht erst bemüht wird, zu hinterfragen. Notengebung empfindet sie als anspruchsvolle Aufgabe, die Hingabe erfordert. Bezüglich der Erfassung unterschiedlicher Facetten betrachtet sie Noten als „nicht so toll" (I 5, S. 3: 42) und bevorzugt facettenreichere Textzeugnisse. Allerdings erlebt sie hier auch einen Gewöhnungseffekt und fühlt sich „mit der Zeit sicherer" (I 5, S. 3: 35). Ihre verbleibende Unsicherheit, insbesondere bei der mündlichen Notengebung, kompensiert sie durch die Nutzung von Schüler*innen-Selbstreflexionen bei der Notengebung und ihrer Bereitschaft zu Notendiskussionen. Hierbei muss betont werden, dass sie mit diesen Maßnahmen keine Ermündigung der Schüler*innen intendiert, sondern sich selbst in ihrer Unsicherheit behilft. In Hauptfächern, in denen sie sich durch die schriftlichen Arbeiten in der Notengebung sicherer fühlt, lässt sie daher kaum Mitsprache zu. Transparenz spricht sie eine zuträgliche Funktion bei der Vermeidung des Spannungsfeldes zu.

Die demokratische Schule als Spannungslöser

Anja betrachtet die demokratische Schule, die sie in ihrer Gesamtschule verwirklicht sieht, als Lösung des Spannungsfeldes, weil sie eigenständiges Lernen fördert und zahlreiche Freiheiten bietet. Es wird deutlich, dass Anja ein sehr lernbezogenes Freiheitsverständnis hat, das sie explizit auf Freiheiten in der Themenwahl, in der Differenzierung und in der sonstigen individuellen Förderung bezieht. Mögliche Probleme durch den Zwangscharakter der Schule lösen sich durch die Freiheiten innerhalb des Systems auf.

7.1.6 Der Fall Stefan: Schüler*innen provozieren Spannungsfeld

Stefan empfindet keine Spannung zwischen Mündigkeitserziehung und Bewertung. Diese Position wird unter den folgenden Aspekten genauer beleuchtet: Stefans pauschale Schüler*innen-Verantwortlichkeit für potenzielle Spannungen, seine objektiven Noten und seine Ablehnung eines kritischen Mündigkeitsbegriffs.

Pauschale Schüler*innen-Verantwortlichkeit für potenzielle Spannungen

Stefan sieht durch seine transparenten und fairen Noten grundsätzlich keine Spannungen zwischen Mündigkeitserziehung und Bewertung. Diese können nur aufkommen, wenn Schüler*innen seiner Bewertung gegenläufige Meinungen äußern oder sich eine „gute Note erschleichen" (I 6, S. 1: 17) wollen und damit die Schüler*innen-Lehrkraft-Beziehung stören. Stefan lädt damit die Verantwortlichkeit für Spannungen pauschal bei den Schüler*innen ab und delegitimiert zudem eine offene Beschwerdekultur und freie Meinungsäußerung. Das Spannungsfeld von Mündigkeit und Bewertung sieht er insbesondere durch die Pubertät konstruiert, dessen Auftrag ist, „gegen die Erziehung anzulaufen" (I 6, S. 3: 29). Auch potenzielle Spannungen durch den Zwangscharakter der Schule werden der Schüler*innenschaft angehängt und als „total verdrehte Welt" (I 6, S. 5: 13) bezeichnet. Eine „gesunde Klientel" (S. 5: 19) würde keine Probleme machen, sondern gerne lernen wollen.

Stefans objektive Noten

In Stefans Ausführungen haben Noten einen objektiven Charakter und sind nicht kontrovers. Das gilt insbesondere für seine eigenen Noten, die er als transparent, fair und konsensfähig betrachtet. Für ihn braucht es lediglich Transparenz in der Notengebung, um eine Nachvollziehbarkeit bei den Schüler*innen zu erreichen und Diskussionen aufzulösen. Ausnahme ist hier natürlich, wenn Schüler*innen hinterlistig Probleme provozieren wollen (s. o.). Auch wenn Noten nicht verhandelbar sind, räumt Stefan seinen Schüler*innen eine Beratungsoption ein, mit der sie in Härtefällen einen Impuls setzen können. Das Entscheidungsmonopol bleibt allerdings klar auf Seiten von Stefan, der sich zur Beratung „innerlich sozusagen zurückzieh[t]" (I 6, S. 1: 48). Hier scheint Stefan in seinem Geiste eine zweite Person zu kreieren, die dann mit „Gerechtigkeit und Gewissen und Recht" (I 6, S. 2: 3) eine Kontrollinstanz wird. Stefan wird so zum Richter seiner eigenen Notengebung. Gleichzeitig finden sich in Stefans Äußerungen Beispiele, die eine ausgesprochene Subjektivität seiner Notenpraxis nahelegen. Dazu zählen individuelle Regelungen bei der Verrechnung mündlicher und schriftlicher Leistungen und die Nutzung von Boni in der Bewertung. Stefan plädiert insgesamt für Ziffernnoten in der Schule und schreibt ihnen, im Gegensatz zu Rasterbewertungen, stärkere pädagogische und sozialisatorische Funktionen zu. Dennoch bezeichnet er Notengebung auch als „unliebsam" (I 6, S. 2: 29). Vage bleibt er dabei mit seiner Begründung, Noten seien nicht immer gerecht.

Stefans Ablehnung eines kritischen Mündigkeitsbegriffs

Stefans Mündigkeitsbegriff hat einen anpassenden, lernbezogenen und unkritischen Charakter und kreist vorwiegend darum, „zu einem Erwachsenen anzureifen" (I 6, S. 3: 10). Eine Erziehung zu kritischer Mündigkeit wird delegitimiert, stattdessen wird Widerstand und Hinterfragen einseitig negativ als aufmüpfig und rebellisch betrachtet. In seiner Auffassung soll Erziehung nicht zu Kritik und Widerstand befähigen, sondern muss gegen pubertären Widerstand und widerspenstige Schüler*innen durchgezogen werden. Selbst eine Erziehung nach Stefans eigenem Mündigkeitsbegriff scheint er nicht überzeugend zu verfolgen, sondern eher als Bürde zu betrachten: „Ach jetzt muss ich warten, damit die Schüler eben halt auch mal ihre eigene Meinung da einbringen" (I 6, S. 4: 28-29).

7.1.7 Der Fall Reiner: Spannung als Teil des gesellschaftlichen großen Ganzen

Der Sonderpädagoge und Fachlehrer Reiner betrachtet das Verhältnis zwischen Bewertung und Mündigkeitserziehung als spannungsbehaftet, jedoch nicht als widersprüchlich. Zur Kontextualisierung seiner Position sind folgende Aspekte besonders relevant: die Mündigkeitsausbildung als individueller Akt der Schüler*innen, das Paradox von Mündigkeitserziehung und Entmündigung und das schulische Spannungsfeld als unvermeidliches Produkt der Gesellschaft.

Mündigkeitsausbildung als individueller Akt der Schüler*innen

Reiner betrachtet die Mündigkeitsausbildung konsequent aus der Perspektive der Schüler*innen heraus. Er verwehrt sich zwar nicht grundsätzlich der Möglichkeit einer Mündigkeitserziehung durch die Schule, für ihn ist Mündigkeitsausbildung aber primär ein individueller Prozess, der gewiss institutionell gefördert, aber auch erfolgreich gegen die Zwänge der Schule durchlaufen werden kann. Mündigkeitsausbildung betrachtet er als Prozess des Anpassens und Ablehnens und als Auseinandersetzung mit gesellschaftlichen Normen wie der Schulpflicht. Dabei können sowohl Vernunfts- und Opportunitätsentscheidungen als auch Widerstand Ausdruck der Entwicklung von Mündigkeit sein. In seiner Deutung des Ermündigungsprozesses spielt Freiraum eine große Rolle, ebenso die graduelle Loslösung vom Erziehenden. In der Schule gelinge dies durch freiheitliche Lernarrangements und Förderung von Selbstorganisation durch ein zunehmendes Zurückziehen der Lehrkräfte. Insgesamt relativiert Reiner die Rolle der „Anstalt Schule, die einen versucht zu formen" (I 7, S. 5: 36) und die man als Schüler*in mit fortgeschrittener Mündigkeit „zwar erträgt, aber nicht unbedingt akzeptiert" (I 7, S. 5: 36-37). Gleichzeitig betrachtet er das Spannungsfeld von Mündigkeit und Bewertung nicht primär als ein sich ihm stellendes Dilemma, sondern als Herausforderung für die Schüler*innen.

Das Paradox von Mündigkeitserziehung und Entmündigung

Reiner widmet weite Teile seiner Ausführungen denen der Mündigkeitsausbildung selbst innewohnenden Spannungen. Er sieht Mündigkeit und Schule in einem dialektischen Verhältnis und schreibt Mündigkeitserziehung ein potenziell entmündigendes Element zu: „[Ich] versuche sie auch zu einer Mündigkeit oder Teilhabe zu erziehen. Trotzdem ist jede Form von Hilfe und von Normenvermittlung natürlich auch im gewissen Sinne eine Entmündigung" (I 7, S. 1: 38-40). Reiner driftet in seinen Ausführungen immer wieder in andere Spannungsfelder ab, insbesondere zwischen Freiheit vs. Gerechtigkeit und

Freiheit vs. gesellschaftlicher Verantwortung. Dabei tritt häufig seine sonderpädagogische Perspektive zutage.

Das schulische Spannungsfeld als unvermeidliches Produkt der Gesellschaft

Es ist nicht nur die Verantwortungsübertragung der Mündigkeitsausbildung auf die Schüler*innen selbst, die Reiner im Spannungsfeld von Mündigkeitserziehung und Bewertung entlastet, sondern auch eine Externalisierung der Spannungsursache auf die Ebene der Gesellschaft: „Schlussendlich hat die Schule drei Aufträge: Bildung, Erziehung und leider auch Selektion. Alle die, die letzteres vergessen, vergessen natürlich auch gesellschaftliche Wirklichkeit" (I 7, S. 1: 18-20). Jegliches Problematisieren der Bewertungsfunktion oder das Nachdenken über hypothetische Systeme ohne Bewertung scheitern für Reiner letztendlich daran, dass die schulische Selektionsaufgabe der unabänderlichen gesellschaftlichen Erwartung nach Selektion entspringt. Reiner macht sich diese gesellschaftliche Realität zu eigen, indem er sich einerseits aus der Rechtfertigungsverantwortung nimmt und andererseits seine Bewertungsaufgabe pädagogisch und formativ auflädt. Zum einen sieht er sich in der Pflicht, die diagnostizierten gesellschaftlichen Realitäten zu vermitteln und vorzubereiten. Ebenso attribuiert er Noten eine pädagogische Wirkung im Sinne einer Impulssetzung. Selektion wird zu einer Platzanweisung im Sinne des Kindes und als Beratungsanlass umgedeutet.

7.1.8 Der Fall Isolde: Kapitulation vor der Klientel

Für Isolde besteht zwischen Mündigkeitserziehung und Bewertung kein Widerspruch. Das liegt im Wesentlichen daran, dass sie ihren grundsätzlichen Anspruch, zu Mündigkeit zu erziehen, aufgegeben hat und sich auf den Fachunterricht beschränkt. Dies wird durch die folgenden Aspekte näher beleuchtet: Isoldes Diffamierung und Dämonisierung der Schüler*innen und derer Elternhäuser, ihr paradoxer Mündigkeitsanspruch und ihre rigorose Durchsetzung der Bewertungsaufgabe.

Diffamierung und Dämonisierung der Schüler*innen und derer Elternhäuser

Isolde zeichnet über weite Teile ihrer Ausführungen eine Kapitulation vor ihrer Klientel nach. Sie holt dabei sowohl bezüglich ihrer Schüler*innen als auch bezüglich derer Elternhäuser zu einer Generalabrechnung aus. Diese sieht sie einer parallelen Gesellschaft entstammen, von der sie sich zunehmend entfremdet sieht und die sie nicht nachvollziehen kann. Sie bezieht sich dabei explizit auf ein „muslimische[s] Umfeld" (I 8, S. 1: 42) mit einer vollständig gegenläufigen Lebensrealität, in der Kinder nicht zur Mündigkeit erzogen werden, sondern autoritäre Figuren dominieren. Ihre Schüler*innen betrachtet sie, bis auf wenige Ausnahmen, pauschal als zu bequem und weltfremd, um ihren eigenen Verstand zu benutzen, als zu faul für die Demokratie und erkennt bei ihnen kein Bestreben zu mündigem Verhalten. Sie schreibt ihre Schüler*innen dabei frühzeitig ab und bezeichnet schon Unterstufenschüler*innen als „elfjährige Schwachmaten" (I 8, S. 1: 44). Ihre Schüler*innen reduziert sie vollständig auf ihre Religiosität, die mitunter radikal und kriminell aufgeladen wird. Die migrantischen Elternhäuser ihrer Schüler*innen werden in den Ausführungen von Isolde geradezu dämonisiert. Sie arbeiten in ihren Augen nicht nur gegen die Schule, sondern aus Prestigegründen auch wissentlich gegen das Wohl ihrer eigenen Kinder. Bildung hat für die Eltern ihrer Schüler*innen keinen Wert, die Schulpflicht wird stattdessen aus strategisch-finanziellen Sozialhilfegründen eingehalten. Da Mündigkeit nur mit einem gleichgesinnten Elternhaus ausgebildet werden kann und die Eltern als „Erziehungsverpflichtete" (I 8, S. 2: 36) gescheitert sind, ist die Mündigkeitserziehung an Isoldes Schule nicht möglich. Als Resultat gibt Isolde nicht nur die Mündigkeitserziehung vollständig auf, sondern vernachlässigt auch viele weitere Aufgaben bezüglich der Entwicklung ihrer Schüler*innen. Sie beschränkt sich ausschließlich auf den Fachunterricht und stellt zudem jegliches Interesse an einer Veränderung dieser Situation ein.

Paradoxer Mündigkeitsanspruch

Die Kluft zwischen theoretisch gewollter und praktisch verunmöglichter Mündigkeitserziehung entwächst nicht nur Isoldes pauschaler Diffamierung ihrer Klientel, sondern auch ihrem paradoxen Mündigkeitsanspruch. Die Mindestanforderungen für eine erfolgreiche Mündigkeitserziehung stehen quasi auf der gleichen Stufe wie ihre Erziehungsziele. Es ergibt sich daraus ein paradoxes Bild, in dem Isolde etwas voraussetzt, was gleichzeitig erst noch ausgebildet werden muss. Problematisch erscheint außerdem ihre Gleichsetzung von Mündigkeit mit Intelligenz, demzufolge bestimmte Schüler*innen schon durch ihre Anlagen nicht mündig werden können. Widersprüchlich ist ebenso, dass Isolde auf der einen Seite ihren Schüler*innen eine fehlende Bereitschaft für die Identifikation mit anderen, nicht-muslimischen Perspektiven vorwirft, gleichzeitig aber ebenso kein Verständnis für geäußerte Bedürfnisse ihrer Schüler*innen aufzeigt. Hier wird außerdem deutlich, dass Isolde Mündigkeit explizit nicht als Ergebnis einer Auseinandersetzung verschiedener (kultureller) Systeme versteht, sondern nur für möglich erachtet, wenn Norm- und Wertevorstellungen miteinander geteilt werden.

Rigorose Durchsetzung der Bewertungsaufgabe

Im Gegensatz zur Aufgabe der Mündigkeitserziehung kann sich Isolde mit der Ausführung der Bewertungsaufgabe vollständig identifizieren. Die Praxis der Notengebung akzeptiert sie eindeutig und versteht sie als Teil ihrer Berufsdefinition. Sie bekennt sich deutlich zur schulischen Selektionsfunktion und übernimmt auch Verantwortung für dessen Durchsetzung. Kolleg*innen, die davor zurückschrecken, haben „[ihres] Erachtens den Job mindestens an dieser Schule vollständig verkackt" (I 8, S. 7: 30-31). Bewertungen versteht sie vorwiegend summativ, schlechte Noten als „akademische Niederlage" (I 8, S. 2: 47). Die Notengebung hat einen einseitig-mitteilenden Charakter und sie sieht keinen didaktischen oder pädagogischen Nutzen, Noten zu besprechen.

7.2 Komparative Verortung der Lehrkräfte

Die Einzelfallanalysen offenbaren sehr unterschiedliche Begründungszusammenhänge, die im Spannungsfeld von Mündigkeitserziehung und Bewertung vorgenommen werden. Zur Vorbereitung der Diskussion wurden die Interviews in einer komparativen Analyse anhand verschiedener Gesichtspunkte miteinander in Beziehung gesetzt. Dazu wurden die Ergebnisse der Kategorienbildung und der *fallbezogenen thematischen Zusammenfassungen* hinzugezogen. Auf eine ausführliche komparativ-analytische Niederschrift wurde verzichtet. Stattdessen wird im Folgenden die Genese eines Koordinatensystems zur komparativen Verortung der Lehrkräfte vorgestellt. Darüberhinausgehende komparative Befunde sind direkt in die Diskussion eingearbeitet.

In den Interviews wurde deutlich, dass die Lehrkräfte sich nicht nur zum Spannungsfeld positionieren, sondern auch auf eine bestimmte Art und Weise zu den Begriffen Mündigkeit und Bewertung – nicht zuletzt, um diese Positionen als Begründungen für ihre Wahrnehmung des Spannungsfeldes anzuführen. Um der Frage nachgehen zu können, welche Zusammenhänge bei einer individuellen Lehrkraft selbst und im Vergleich mit anderen Lehrkräften in Bezug auf die beiden Begriffe erkennbar sind, wurde ein Koordinatensystem entwickelt, das auf den zwei Achsen *Mündigkeit* und *Bewertung* eine Verortung jeder Lehrkraft ermöglicht. Die individuellen Positionen der Lehrkräfte zu einzelnen Aspekten von Mündigkeit und Bewertung sind, wie in Kapitel 6.3 erwähnt, in der Matrix der thematischen Fallzusammenfassungen in aggregierter und systematisierter Form zusammengetragen worden.

Abbildung 4

Übersicht über die Dimensionen für das Koordinatensystem, eigene Darstellung

Dimensionen Bewertung	Items		
persönliche Einstellung zur Benotungsaufgabe	ablehnen, hinterfragen	hadern	akzeptieren, begrüßen
persönliche Einstellung zur Bewertungsaufgabe	reformieren	hadern	akzeptieren, begrüßen
Einstellung zu alternativen Bewertungspraktiken	begrüßen	indifferent	ablehnen
Einschätzung zur Objektivität von Noten	nicht objektiv	uneindeutig	objektiv
Einstellung zur Selektions-, Allokations- und Zertifizierungsfunktion der Schule	ablehnen, hinterfragen	indifferent, uneindeutig	unterstützen
Prozess der Notenmitteilung	deliberativ, diskursiv	besprechend, kommunikativ	erklärend, mitteilend, einseitig
Mitbestimmungsmöglichkeiten in der Notengebung	klar unterstützen, befürworten	tendenziell unterstützen	nicht unterstützen

Dimensionen Mündigkeit	Items		
Verständnis von Mündigkeit	subversiv, kritisch, gestaltend	meinungsbildend, selbstverwirklichend	anpassend, reifend, kompetenzorientiert
Betrachtung von Widerstand in der Mündigkeitserziehung	positiv (mit Einschränkungen)	indifferent, uneindeutig	negativ
Zwangscharakter der Schule	(eher) problematisieren	indifferent, uneindeutig	(eher) nicht problematisieren
Schule als zentraler Ort der Mündigkeitserziehung	zustimmen, hervorheben	indifferent, uneindeutig	ablehnen, relativieren
Stellenwert von Mündigkeit im Unterricht	hervorragend	eher groß	gering, nicht vorhanden

Zur Erstellung des Koordinatensystems zur Verortung der Lehrkräfte auf den zwei Achsen *Mündigkeit* und *Bewertung* wurden aus ausgewählten Kategorien Dimensionen entwickelt (vgl. Abbildung 4). Als Dimensionen werden in der vorliegenden Arbeit Spannbreiten von Positionierungen zu bestimmten Themen verstanden, die in eine auf- bzw. absteigende Reihenfolge entlang eines bestimmten Kriteriums gebracht werden können. Für das Koordinatensystem wurden nur jene Dimensionen berücksichtigt, auf denen Lehrkräfte voneinander abgegrenzt werden können. Bei der Dimension *Transparenz in der Notengebung* zeigte sich zum Beispiel, dass Lehrkräfte mehr oder weniger einstimmig für eine transparente Notengebung sprechen. Diese wurde daher nicht in die Entwicklung des Koordinatensystems einbezogen. Eine Übersicht über die im Folgenden erklärten Dimensionen und die dazugehörigen Schlüsselwörter gibt Abbildung vier. Die erste Dimension der Hauptkategorie Bewertung ist die *persönliche Einstellung zur Benotungsaufgabe*, bei der Lehrkräfte die an sie gestellte Aufgabe, ihre Schüler*innen mit Ziffernnoten zu bewerten, ablehnen/hinterfragen, mit ihr hadern oder sie akzeptieren/begrüßen können. Gleiches gilt bei der *persönlichen Einstellung zur Bewertungsaufgabe,* bei der Lehrkräfte entweder eine Reformierung anstreben, hadern oder die Bewertungsaufgabe akzeptieren/begrüßen. Bei der dritten Dimension *Einstellung zu alternativen Bewertungspraktiken* können Lehrkräfte die Nutzung alternativer Bewertungspraktiken (z. B. Textzeugnisse, Raster) entweder begrüßen, ihnen indifferent gegenüberstehen oder sie ablehnen. Bei der *Einschätzung zur Objektivität von Noten* können Lehrkräfte ihre Noten als objektiv oder nicht objektiv betrachten oder sich uneindeutig positionieren. Die Dimension *Einstellung zur Selektions-, Allokations- und Zertifizierungsfunktion der Schule* erfasst, ob Lehrkräfte diese hinterfragen/ablehnen, indifferent sind/sich uneindeutig positionieren oder sie unterstützen. Den *Prozess der Notenmitteilung,* Dimension sechs, können Lehrkräfte deliberativ-diskursiv, besprechend-kommunikativ oder mitteilend-einseitig gestalten. Und zuletzt können Lehrkräfte *Mitbestimmungsmöglichkeiten in der Notengebung* klar unterstützen/befürworten, tendenziell unterstützen oder gar nicht unterstützen.

Die erste Dimension der Hauptkategorie Mündigkeit, das *Verständnis von Mündigkeit,* kann subversiv/kritisch/gestaltend, meinungsbildend/selbstverwirklichend oder anpassend/reifend/kompetenzorientiert sein. In der Dimension *Betrachtung von Widerstand in der Mündigkeitserziehung* wird festgehalten, ob Lehrkräfte Widerstand ihrer Schüler*innen positiv, indifferent/uneindeutig oder negativ betrachten. Die Dimension *Zwangscharakter der Schule* erfasst, ob Lehrkräfte diesen (eher) problematisieren, indifferent/uneindeutig sind oder ihn (eher) nicht problematisieren. Die vierte Dimension *Schule als zentraler Ort der Mündigkeitserziehung* erfasst, ob Lehrkräfte der Aussage, die Schule sei der zentrale Ort der Mündigkeitserziehung, zustimmen/sie hervorheben, ihr indifferent/uneindeutig gegenüberstehen oder sie ablehnen. Und zuletzt wird beim *Stellenwert von Mündigkeit im Unterricht* angezeigt, ob Lehrkräfte diesen als hervorragend, eher groß, oder gering/nicht vorhanden betrachten.

Wie in Abbildung vier ersichtlich ist, konnten für die Hauptkategorie *Bewertung* sieben Dimensionen aus den Interviews aggregiert werden, für die allesamt eine Skala von konservativ-konventionell bis progressiv-subversiv angelegt werden kann. Die zweite Achse des Koordinatensystems konstituiert sich aus fünf Dimensionen im Bereich Mündigkeit und erstreckt sich von niedrigschwellig-unbedeutend bis anspruchsvoll-hervorragend. In den einzelnen Dimensionen wurden die acht Lehrkräfte gemäß ihrer Antworten verortet und pro Dimension (in Abbildung vier von links nach rechts) mit +2, 0 und -2 entsprechend bepunktet. Bei einer Addition der Einzelpunkte einer individuellen Lehrkraft ergab sich eine Summe, die sich geteilt durch die Anzahl der Dimensionen in einem Score ausdrücken lässt, der in einem Koordinatensystem verortet werden kann (vgl. Abbildung 5).

Das Koordinatensystem zeigt eine breite, aber doch korridoriale Streuung der Lehrkräftepositionen auf den Achsen *Mündigkeit* und *Bewertung*. Die Daten indizieren bei den untersuchten Lehrkräften einen Zusammenhang zwischen progressiv-subversiven Einstellungen zu der Bewertungsaufgabe und einer starken Identifizierung mit einer anspruchsvollen Mündigkeitserziehung. Andersherum geht eine konservativ-konventionelle Einstellung zur Bewertungsaufgabe mit einer geringen Identifizierung mit Mündigkeitserziehung einher. Ebenso zeigt das Koordinatensystem eine Zweiteilung der Lehrkräfte: eine Gruppe, die kein Spannungsfeld zwischen Mündigkeitserziehung und Bewertung wahrnimmt und sich wenig mit der Mündigkeitserziehung identifiziert und eine zweite Gruppe, die ein Spannungsfeld wahrnimmt und positive Werte auf der Mündigkeitsachse aufweist.

Abbildung 5

Lehrkräftepositionierungen zu ausgewählten Dimensionen von Mündigkeit und Bewertung, eigene Darstellung

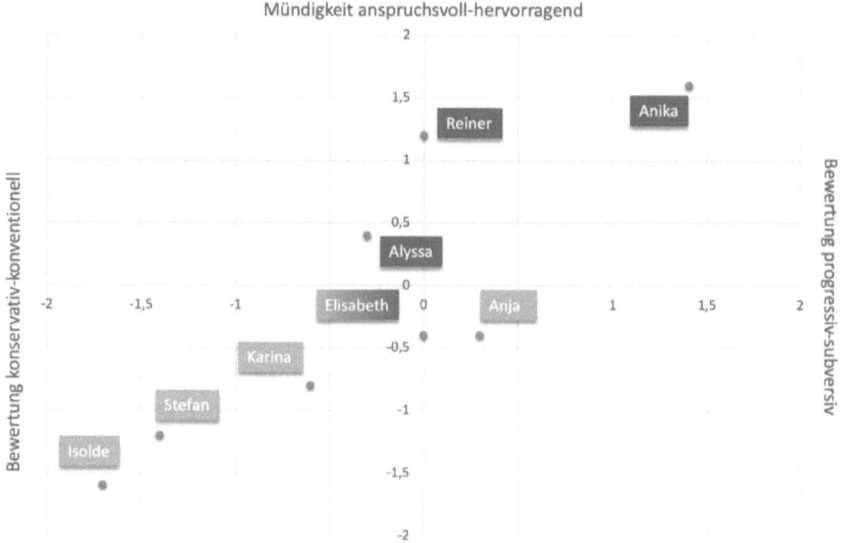

Anmerkung. Lehrkräfte mit dunklem [hellem] Kasten nehmen eine [keine] Spannung zwischen Bewertung und Mündigkeitserziehung wahr; Farbverlauf: uneindeutige Positionierung.

8. Diskussion

Aus den Einzelfallanalysen und der komparativen Verortung der Lehrkräfte im Koordinatensystem geht hervor, dass sich eine Zweiteilung der Stichprobe in jene Lehrkräfte, die kein Spannungsfeld wahrnehmen, und jene, die es tun, wie folgt ausgestaltet: Auf der einen Seite befinden sich die spannungsfrei agierenden Lehrkräfte Isolde, Stefan, Anja und Karina. Zu ihnen ist zu sagen, dass sie ihre Schüler*innen in einer Generalabrechnung für untauglich zur Mündigkeitserziehung befinden (Isolde), potenzielle Spannungen ihren Schüler*innen anlasten (Stefan), die demokratische Schule als Spannungslöser ausmachen (Anja) oder sich exklusiv als Fachlehrerin betrachten (Karina). Auf der anderen Seite finden sich die drei Lehrkräfte Anika, Reiner und Alyssa, die sich in einem spannungsgeladenen Handlungsfeld vom kaputten Schulsystem abgrenzen (Anika), das Spannungsfeld strukturfunktionalistisch betrachten (Reiner) oder den Weg einer Selbstverwirklichung in den Grenzen des Systems gehen (Alyssa). Auf der Grenze der Zweiteilung balanciert Elisabeth, deren Ausführungen aufgrund inhaltlicher Brüche und Ambivalenzen weder der einen noch der anderen Seite zugeordnet werden können. Im Folgenden werden zentrale Erkenntnisse und Begründungszusammenhänge diskutiert und in Hinblick auf adäquate Umgänge mit dem antinomischen Spannungsfeld eingeordnet.

Der Mündigkeitsbegriff als Determinante im Spannungsfeld

Den letzten Gedanken des vorigen Kapitels aufgreifend scheint es einen positiven Zusammenhang zwischen einem anspruchsvollen Mündigkeitsverständnis der Lehrkräfte und der Wahrnehmung des Spannungsfeldes zu geben. Eine Diskussion der angelegten Mündigkeitsverständnisse der Lehrkräfte soll diesen Befund ausführen. Den höchsten Wert auf der Achse *Mündigkeit* erreicht Anika (vgl. Abbildung 6). Bei ihr zeigt sich auch am ehesten ein kritisches Mündigkeitsverständnis (vgl. Adorno, 1971, in Kapitel 4). Sie erzieht ihre Schüler*innen für einen Einsatz für die Demokratie und zu gesellschaftlicher Aufgeklärtheit. Zudem sympathisiert sie mit demonstrativ-partizipativen Ambitionen ihrer Schüler*innen und kritisiert die potenziell repressiven Wirkmechanismen der vergesellschaftlichten Schule deutlich (vgl. Adorno, 1971, S. 122). Auch bei Alyssas Mündigkeitsverständnis offenbaren sich kritische Aspekte. Bei ihr steht ein kritischer und hinterfragender Aspekt von Mündigkeit im Vordergrund, das Verständnis ist zudem, wie bei Adorno (1971), handlungsorientiert und beinhaltet Widerstand. Allerdings bezieht sie ihre Ausführungen nicht explizit auf die Gesellschaft und steht der Institution Schule weitgehend unkritisch gegenüber. Zuletzt schwingen auch in Reiners Aussagen einige Referenzen zu einem kritischen Mündigkeitsverständnis mit. Auch wenn bei ihm ein selbstverwirklichender Charakter im Vordergrund steht, gilt für Reiner Kants kategorischer Imperativ als moralische Orientierung (vgl. Schäfer, 2017, S. 19) und Widerstand wird als legitimer Ausdruck von Mündigkeit verstanden. Zudem sieht er die Schule im Einklang mit Adorno in einem dialektischen Verhältnis des Anpassens und Ablehnens (vgl. Adorno, 1971, S. 109, in Kapitel 4.1).

Die übrigen Lehrkräfte legen Mündigkeitsverständnisse an, die sich deutlich von einer kritischen Perspektive abgrenzen lassen. Bei Anja und Stefan zeigen sich exklusiv schulweltbezogene Mündigkeitsverständnisse, die einen anpassend-reifenden Charakter haben, autoritätentreu sind und in Teilen Ähnlichkeiten zu den Ausführungen von Fauser (2010; vgl. Kapitel 4.3) aufweisen. Die Doppelschlächtigkeit des Erziehungsbegriffes, wie ihn Adorno (1971, S. 109; vgl. Kapitel 4.1) versteht, wird ignoriert und übrig bleibt nach Definition von Adorno die ausschließliche Formung von „well-adjusted people" (ebd.). Bei Stefan zeigen sich zudem Tendenzen einer Selbstidealisierung der Lehrkraftrolle, die auch bei Langer (2021) vorzufinden sind. Karina und Isolde stehen durch ihre Verweigerung der Mündigkeitserziehung geradezu konträr zur kritischen Perspektive. Bei Karina geht dies mit einer negativen Umdeutung von Widerstand und einer eskapistischen Grundhaltung einher, bei Isolde ist Mündigkeit durch kulturelle und intellektuelle Identitäten vorbestimmt und konstituiert bereits eine Vorbedingung für ihre Erziehungsarbeit. Die achte Lehrkraft, Elisabeth, zeichnet sich durch eine habituelle Unsicherheit zu Mündigkeit aus und kann durch ihre variierenden Begriffsverständnisse ebenfalls nicht eindeutig der kritischen Perspektive zugeordnet werden.

Der obige Befund legt nahe, dass das Spannungsfeld von Bewertung und Mündigkeitserziehung von Isolde und Karina dadurch vermieden wird, dass die Aufgabe der Mündigkeitserziehung verweigert wird und von Stefan und Anja dadurch, dass ein aus kritischer Perspektive entleerter Mündigkeitsbegriff angelegt wird (vgl. Kapitel 4), der zudem die pädagogischen Antinomien leugnet (vgl. Helsper, 2016, in Kapitel 5). In anderen Worten: Bei Karina und Isolde ergeben sich keine Spannungen zwischen Mündigkeitserziehung und Bewertung, denn wo die Mündigkeitserziehung nicht wahrgenommen wird, kann sich auch kein Handlungsproblem auftun. Bei Stefan und Anja entfernt sich ihr anpassend-reifendes Erziehungsverständnis so weit von klassischen Verständnissen von Mündigkeit in der Erziehungswissenschaft (vgl. Press, 2001, S. 196; Adorno, 1971) und von den mündigkeitsbezogenen Erziehungsgrundsätzen aus dem Schulgesetz (vgl. SchulG, 2005, § 2) und dem Entwurf *Richtlinien Bildungs- und Erziehungsgrundsätze* (vgl. MfSB-NRW, 2023, S. 5), dass es nicht mehr sinnvoll unter dem Stichwort Mündigkeit diskutiert werden kann. Sowohl die Implikationen der Symmetrieantinomie als auch die der Autonomieantinomie werden weder erkannt noch problematisiert (vgl. Helsper, 2016, in Kapitel 4): Die Interferenz der „Anordnungs-, Zuweisungs- und Sanktionsmacht" (ebd., S. 112) für Verstehens- und Bildungsprozesse bleibt genauso unbeachtet wie das widersprüchliche Erziehungsgefüge von notwendiger heteronomer Außenanleitung und Autonomieausbildung (vgl. ebd., S. 115-116).

Anhand von Alyssa, Reiner und Karina werden im Folgenden drei weitere Strategien im Spannungsfeld von Bewertung und Mündigkeitserziehung diskutiert:

Diskussion der partizipativen Notengebung

In den Interviews gab die Mehrheit der Lehrkräfte an, Mitbestimmungsmöglichkeiten in der Notengebung zu ermöglichen. Dabei waren die Motivationen nicht ausschließlich pädagogisch angesiedelt, sondern wurden, wie im Falle von Anja, auch zur Kompensierung der eigenen Unsicherheit genutzt. Eine für diese Arbeit wichtige Spannung bei den Beteiligungsmöglichkeiten für Schüler*innen in der Notengebung herrscht zwischen Pseudopartizipation und ‚echter' Beteiligung. Diese findet sich in mehreren Interviews (z. B. Karina, Elisabeth, Alyssa) und soll im Folgenden am Fall von Alyssa, in dessen Ausführungen die (pseudo-)partizipative Notengebung einen maßgeblichen Begründungszusammenhang konstituiert, diskutiert werden.

Auf den ersten Blick stellt die partizipative Notengebung einen vielversprechenden Ausweg aus dem Spannungsfeld von Bewertung und Mündigkeitserziehung dar. Denn wie in Kapitel 5.1 deutlich wurde, ist es vor allem die traditionelle Leistungsbewertung mit Ziffernnoten ohne Beteiligungsmöglichkeiten, die das Spannungsfeld befeuert (vgl. Häcker & Winter, 2010, S. 297). Von daher erscheint es zunächst plausibel, durch eine Pädagogisierung und Demokratisierung der Leistungsbewertung das Spannungsfeld zu harmonisieren. Häcker und Winter (2010) diskutieren genau diesen Aspekt am Beispiel der Portfolioarbeit und halten fest, dass das Unterfangen nur erfolgreich sein kann, wenn wirklich alle Aspekte der Bewertung „von der Zielformulierung und Aufgabenstellung bis zur Bewertung und Entscheidungsfindung" (ebd., S. 295) einer Beteiligung durch die Schüler*innen zugänglich gemacht werden. Das bedeutet schlussendlich, dass die Lehrkraft auch ihr Bewertungsmonopol demokratisieren und mit den Schüler*innen teilen müsste. Hier eröffnen sich mehrere problematische Implikationen. Die summativen Bewertungen in der Schule dienen der gesellschaftlichen Selektions- bzw. Allokationsaufgabe der Schule (vgl. Fend, 2009). Die Schüler*innen würden bei einer Mitbestimmung über die eigene Notengebung in einen Zielkonflikt aus ehrlicher Selbst- und Peereinschätzung und vorteilhafter Positionierung ihrer Selbst und ihrer Freund*innen im selektiven Schulsystem geraten. Ihre Befangenheit würde das Leistungsprinzip untergraben, das als einziges Kriterium gelten soll, um die heranwachsende Generation auf die gesellschaftlich benötigten Positionen anzuweisen (vgl. Fauser, 2010, S. 61). Alyssa begibt sich mit ihren freigestellten Bewertungssituationen folglich auf einen gesellschaftlich und rechtlich heiklen Pfad (vgl. SchulG, 2005, § 48, in Kapitel 3.3). Wohl deswegen finden diese Aufweichungen des Bewertungsmonopols bei Alyssa „natürlich nur ganz selten" (I 4, S. 2: 29-30) statt. Darüber hinaus bleibt ihr nur noch übrig, eine partizipative Notengebung zu gestalten, die das Bewertungsmonopol unangetastet lässt. In der Literatur finden sich dazu viele Vorschläge: ein Aufbau partnerschaftlicher Verhältnisse zwischen Lehrenden und Lernenden, fehlertolerante Leistungsbeurteilungen (beides vgl. Beutel & Beutel, 2010, S. 13), differenzierte Formen der Leistungsbewertung (vgl. Pütz und Textor, 2010, S. 106), Verbalbeurteilungen, pädagogische Leistungsbewertungen (beides vgl. Beutel, S.-I., 2010, S. 48-49, 58), Kritikmöglichkeiten und Schulverträge über die Bewertungspraxis (beides vgl. Edler, 2010, S. 38, 43). Jeder einzelne Vorschlag mag pädagogisch und didaktisch interessant sein, aus partizipativer Sicht ist jedoch keiner davon zu Ende gedacht. Denn für alle diese Maßnahmen und Beteiligungsinstrumente gilt, dass die potenziellen partizipativen Outputs durch die summative Bewertungsfunktion autoritär vorbedingt sind. Die Forderung nach partnerschaftlichen Verhältnissen verleugnet das unauflösbare Machtgefälle zwischen Lehrkraft und Schüler*innen (vgl. Schäfer, 2017, in Kapitel 4.1), die Forderungen nach Kritikmöglichkeiten ignorieren das Bewertungsmonopol der Lehrkräfte ebenso wie ein Plädoyer für Schulverträge, in denen Schüler*innen weder die Option zur Nichtunterzeichnung noch zur freien Gestaltung basaler Elemente offensteht. Bei Verbalbeurteilungen, fehlertoleranter und differenzierter Leistungsbewertung handelt es sich gar nicht erst um partizipative Maßnahmen, sondern eher um Verbesserungen der Mess- und Dokumentationsqualität und um Transparenzsteigerungen. Dass in den Veröffentlichungen trotzdem von einer *Demokratisierung* der Leistungsbeurteilung gesprochen wird, dürfte damit zu tun haben, dass die Demokratiepädagogik mit einem positiv überhöhten und vorwiegend sozial verstandenen Begriff der Demokratie arbeitet, der nicht politikwissenschaftlich erfasst wird (vgl. Wohnig, 2015, S. 266, in Kapitel 4.3). Das Konzept des pädagogischen Leistungsverständnis, das auf dem pädagogischen Leistungsbegriff nach Klafki (1991) beruht und unter anderem von Hinz (2010) demokratiepädagogisch aufgriffen wird, soll in dieser Arbeit nicht in Abrede gestellt werden. Ganz im Gegenteil soll eine Zuträglichkeit im Spannungsfeld von Mündigkeit und Leistungsbewertung unterstrichen werden, wenn Kinder an der Unterrichtskonzeption partizipieren, eine transparente Leistungsbeurteilung erfahren, der Unterricht im Sinne einer Individualisierung der Lernwege geöffnet und das Lernen handlungsorientiert gestaltet wird (vgl. Hinz, 2010). Eine Auflösung des Spannungsfeldes eröffnet eine Pädagogisierung der Leistungsbewertung jedoch nicht, stattdessen kann im Einklang mit der Untersuchung der Portfolioarbeit unter dem Aspekt der Bewertung bei Häcker und Winter (2010) resümiert werden, dass die Spannung „mitunter nur noch deutlicher sichtbar" (S. 307) wird.

Diese Überlegungen sind insbesondere auch für die Notenbesprechungen von Bedeutung, die von den interviewten Lehrkräften insgesamt unterschiedlich gestaltet werden. Hier stellt sich ebenfalls die Frage nach den Implikationen, wenn Schüler*innen ,echte' Einflussmöglichkeiten auf ihre Noten haben (Bspw. bei Elisabeth). Laut dem Vier-Komponenten-Modell der Diagnosequalität von Behrmann und van Ophuysen (2017) ist *Revidierbarkeit* ein wesentliches Merkmal diagnostischer Kompetenz. Wenn Schüler*innen jedoch eine Revidierung summativer Bewertungen veranlassen können, eröffnet sich für sie ein Interessenkonflikt aus Mitbestimmung und Manipulation.

Diskussion der Abschaffung der summativen Leistungsbewertung

Die Erhebung ergab, dass die Hälfte der Lehrkräfte mit der Notengebung hadert und immerhin drei Achtel auch mit der Bewertungsfunktion im Allgemeinen. Es geht jedoch nur die Lehrkraft Anika so weit, die summative Leistungsbewertung vollständig abschaffen zu wollen und dies zudem als zentralen Begründungszusammenhang im Spannungsfeld von Mündigkeitserziehung und Bewertung anzuführen. Anikas fundamentale Kritik am Bewertungs- und Schulsystem greift einige Aspekte auf, die bereits in Kapitel drei vorgetragen wurden. Mit ihrer Argumentation zur Ablehnung des Notensystems, insbesondere ihrer Kritik an der motivational schädlichen Funktion, der mangelnden Objektivität und der Informationsarmut von Ziffernnoten, argumentiert sie in eine ähnliche Richtung wie Brüggelmann (2014) in seiner Studie *Sind Noten nützlich – und nötig?*. Ihre Schlussfolgerung, Noten werden „keiner einzigen Person gerecht" (I 2, S. 1: 21-22), ist zwar polemisch formuliert, lässt sich aber durchaus mit Brüggelmanns (2014) Ausführungen harmonisieren (vgl. Kapitel 3.4). Anikas Weigerung, Schulnoten eine pädagogische Funktion zuzuschreiben, beziehungsweise sie zu pädagogisieren, ist sowohl historisch (vgl. Kapitel 3.1) als auch mit dem Schulgesetz (vgl. SchulG, 2005, in Kapitel 3.3) zu begründen, da Lehrkräfte mit der summativen Bewertungsfunktion eine gesellschaftliche Funktion ausfüllen. An diesem Punkt müssen Anikas Ausführungen jedoch auch sogleich problematisiert werden. Denn anstatt die (summative) Notengebung als Produkt der gesellschaftlichen Allokationsfunktion (vgl. Fend, 1980) der Mündigkeitserziehung als legitimen Spannungspol gegenüberzustellen, wird die summative Bewertungsfunktion pauschal in Abrede gestellt und die gesellschaftliche Zertifizierungs- und Allokationsfunktion der Schule vollständig abgelehnt. Anika schlägt sich damit im Spannungsfeld auf die Seite der Mündigkeitserziehung und widersetzt sich einer Identifikation mit der Bewertungsaufgabe. Anikas Reformvorschläge, die auf eine Abschaffung der schulischen Allokationsfunktion abzielen, können zudem aus wissenschaftlicher Perspektive nicht überzeugen. Die vorgeschlagenen Eignungstests weisen keine prognostischen Vorteile für den Studienerfolg gegenüber der Abiturnote auf (vgl. Trapmann et al., 2007, vgl. Kapitel 3.4) und Interessentests (die Anikas Forderung nach Selbstreflexionen nahekommen dürften) zeigen schlechtere Werte (vgl. Gold & Souvignier, 2005).

Diskussion der Mündigkeitserziehung als individueller Akt der Schüler*innen

Perspektiven, die Mündigkeitserziehung individualisieren, taten sich bereits in den theoretischen Veröffentlichungen zum Spannungsfeld von Mündigkeitserziehung und Bewertung hervor (vgl. Hinz, 2010;

in Kapitel 4.3). In den Interviews war dies, neben Elisabeth, vor allem bei Reiner evident. Reiners Verlagerung der Hauptverantwortung für die Ausbildung von Mündigkeit auf die Schüler*innenseite kann argumentativ durchaus unterfüttert werden. Denn sie fußt auf Reiners Skepsis bezüglich des Erfolgs von Mündigkeits*erziehung*. Er geht damit argumentativ in eine ähnliche Richtung wie die in Kapitel 4.1 vorgestellte Position von Adorno (1971, S. 109), der die Doppelschlächtigkeit und damit widersprüchliche Rolle der Mündigkeitserziehung hervorhebt. Reiner zweifelt jedoch die Erziehung zur Mündigkeit noch grundsätzlicher an und zieht zudem andere Konsequenzen als Adorno (1971). Er betrachtet bereits Ratschläge und Normenvermittlungen als potenziell entmündigend, unabhängig von dem Grad des Zwanges. Er sieht daher seine Rolle als Erzieher lediglich darin, Angebote zu machen, sich ansonsten aber möglichst aus der Mündigkeitsentwicklung der Schüler*innen zurückzuziehen und ihnen die Mündigkeitsausbildung selbst zu überlassen. Damit entlastet er sich und die Institution Schule insgesamt von zentraler Verantwortung in der Mündigkeitserziehung. Diese Perspektive auf Mündigkeitserziehung bringt problematische Implikationen mit sich. Denn erstens bedeutet dies eine Abkehr von der Doktrin, entgegen aller Widerstände auf ein Gelingen der institutionalisierten Mündigkeitserziehung in demokratisch verfassten Gesellschaften zu setzen. Er widerspricht damit Adornos Forderung, trotz aller Vorbehalte der Frage nach der Mündigkeitserziehung nicht auszuweichen (vgl. Adorno, 1971, S. 109). Adornos zentraler Leitsatz der Erziehung, dass „Auschwitz nicht noch einmal sei" (ebd., S. 88), würde nicht mehr auf den Schultern der Erziehungsberechtigten und der Institution Schule lasten, sondern zur Selbstaufgabe der nachwachsenden Generation werden. Aus historischer Sicht, insbesondere in Hinblick auf die 1930er Jahre in Deutschland, erscheint es jedoch naiv, darauf zu setzen, dass die neuen Generationen ihre Mündigkeit selbst in die Hand nehmen. Reiners Position spricht damit auch gegen das Verfassungsprinzip der wehrhaften Demokratie, in der Mechanismen festgehalten wurden, sich antidemokratischen Bestrebungen institutionell zu erwehren und sich nicht darauf zu verlassen, dass eine

Gesellschaft über alle Zeiten hinweg demokratisch verfasst bleiben möchte (vgl. Lübbe-Wolff, 2023).

Zweitens ist Reiners Perspektive auf Mündigkeitsausbildung als individueller Akt der Schüler*innen problematisch, weil sie der Schule und ihren Lehrkräften erhebliche Rechtfertigungsspielräume für Handlungsweisen und Einstellungen gibt, die mit einer Mündigkeitserziehung nicht vereinbar sind. Denn Reiners Annahme, dass sich Mündigkeit auch gerade durch die Zwänge, die das System Schule dem individuellen Kind bereitet, entwickelt, eröffnet der Schule einen potenziell unbegrenzten Rechtfertigungsspielraum für autoritäres Verhalten.

Wahrnehmung des antinomischen Spannungsfeldes

Insgesamt kann resümiert werden, dass die interviewten Lehrkräfte mehrheitlich keine angemessene Berücksichtigung der Paradoxien professionellen Handelns aufweisen, die das Spannungsfeld von Mündigkeit und Bewertung konstituieren. Vier von acht Lehrkräften behaupten sich in dem Spannungsfeld, indem sie die Mündigkeitserziehung entweder gar nicht wahrnehmen oder sich in ihrer Interpretation des Mündigkeitsbegriffes so weit von klassischen Verständnissen der Erziehungswissenschaft (vgl. Press, 2001, S. 196; Adorno, 1971) entfernen, dass von Mündigkeitserziehung keine Rede mehr sein kann. Anika bildet zu diesen vier Lehrkräften insofern eine spiegelbildliche Gegendarstellung, als dass sie sich auf die Seite der (kritischen) Mündigkeitserziehung schlägt und dabei die Bewertungsaufgabe vollständig ablehnt. Eine situationsadäquate Balancierung berufsbegleitender Widersprüche, wie sie Rothland (2013), Helsper (2016), Tenorth (2004) und Weitere fordern, ist bei der Mehrheit der Lehrkräfte nicht ersichtlich, die sich entweder auf die eine oder andere Seite des Spannungsfeldes schlagen. Insbesondere das Denken in Antinomien des Lehrkraftberufs scheint eine Ausnahme darzustellen. Sowohl die Implikationen der Symmetrieantinomie als auch die der Autonomieantinomie (vgl. Helsper, 2016, in Kapitel 4) werden mehrheitlich weder erkannt noch problematisiert: Die Interferenz der „Anordnungs-, Zuweisungs- und Sanktionsmacht" (ebd., S. 112) für Verstehens- und Bildungsprozesse bleibt genauso unbeachtet wie das widersprüchliche Erziehungsgefüge von notwendiger heteronomer Außenanleitung und Autonomieausbildung (vgl. ebd., S. 115-116). Bei einer Minderheit von drei Lehrkräften kann jedoch positiv hervorgehoben werden, dass eine gewisse Balancierung berufsbegleitender Widersprüche stattfindet. Insbesondere in Reiners strukturfunktionalistischer Sichtweise blitzt immer wieder sein Bewusstsein für Spannungen des Lehrkraftberufs auf und auch bei der Mündigkeitserziehung erkennt er Widersprüchlichkeiten (vgl. Kapitel 7.1.7). Auch bei Alyssa findet eine Identifikation mit beiden Aufgaben des Spannungsfeldes statt. Hier vollzieht sich zwar nur mit Einschränkungen ein reflexiver Umgang mit pädagogischen Paradoxien, dennoch gelingt ihr eine praktische Balancierung beider Aufgaben, die in der Analyse als ‚Selbstverwirklichung in den Grenzen des Systems' gedeutet wurde (vgl. Kapitel 7.1.4). Zuletzt lässt sich auch noch diskutieren, inwieweit bei Elisabeth von einer Reflexivität im Spannungsfeld gesprochen werden kann. Elisabeths ambivalente Äußerungen können ein Indiz dafür sein, dass sie in dem Spannungsfeld noch nach einer eigenen Positionierung sucht. Es ist zwar auf der einen Seite problematisch, dass sie kein Meta-Bewusstsein über die inhaltlichen Brüche ihrer eigenen Ausführungen aufweist, gleichzeitig zeigt sie aber durch ihre Äußerungen, dass sie sich in einer antinomischen Aufgabenkonstellation wahrnimmt und sich nicht auf die eine oder andere Seite schlägt. Zudem ist Elisabeth die einzige Lehrkraft, die sich mit der Trennung von Leistungs- und Lernräumen als mögliche Abschwächung des Spannungsfeldes auseinandersetzt. In diese Richtung argumentieren auch Fauser et al. (2007) in ihren Ausführungen zu guten Schulen im Rahmen des Deutschen Schulpreises: „Gute Schulen trennen Leistungsmessung situativ klar vom Lernen. […] Ein solches Leistungsprinzip ist demokratisch und dient der Förderung und Entwicklung" (Fauser et al., 2007, S. 26). Insbesondere Elisabeths Problematisierung der praktischen Umsetzung ist ein klares Indiz für ihr antinomisches Bewusstsein. Auch Streckeisen et al. (2007) kommen in ihrer Studie zum Spannungsfeld von Fördern und Auslesen zu dem

Schluss, dass eine Entflechtung von Lern- und Bewertungsarrangements „nie bis in letzter Konsequenz gelingen kann" (ebd., S. 307).

Anknüpfungspunkte für weitere Forschung

Die explorativ angelegte Studie in dem empirisch bisher wenig erforschten Spannungsfeld eröffnet eine unübersichtliche Fülle an Anknüpfungspunkten für zukünftige Forschung. Es werden im Folgenden solche Forschungsperspektiven dargelegt, die als besonders dringlich und vielversprechend erachtet werden.

Mündigkeitserziehung zwischen Querschnittsaufgabe und politscher Bildung: In der Arbeit wurde sowohl im theoretischen Teil als auch in der empirischen Erhebung die Kontroverse um die Rolle des Faches der politischen Bildung in der Mündigkeitserziehung weitestgehend vernachlässigt. Dieser Aspekt muss in zukünftiger Forschung unbedingt genauer betrachtet werden. Es ist weitgehend Konsens, dass der Mündigkeit als Bildungsziel im politischen Unterricht eine besonders zentrale Bedeutung zukommt (vgl. Hammermeister, 2015, S. 100; Eis, 2015, S. 69; Wohnig, 2015; Bauer, 2015). Es ergaben sich in der empirischen Erhebung Hinweise, dass Lehrkräfte anderer Fächer dies zum Anlass nahmen, eine Abwälzung der Mündigkeitserziehung auf die politische Bildung vorzunehmen. Es eröffnen sich hier unter anderem Fragen um eine mögliche Vernachlässigung der Mündigkeitserziehung in naturwissenschaftlichen Fächern (z. B. bei Karina) und um die Wahrnehmung von Politiklehrkräften bezüglich ihrer (besondere) Rolle in der Mündigkeitserziehung.

Der Einfluss demokratischer Schulkultur auf das Spannungsfeld: In der vorliegenden Arbeit wurde auf den Vergleich biografischer und kontextueller Merkmale der Lehrkräfte weitgehend verzichtet[3] und damit auch nicht weiter auf den Einfluss einer demokratischen Schul-

---

[3] Stattdessen liegt der Fokus auf den in den Einzelfallanalysen herausgearbeiteten Begründungszusammenhängen, dessen Diskussion der Fragestellung und dem explorativen Charakter der Arbeit als zuträglicher erachtet wurde.

kultur auf das Spannungsfeld eingegangen, die an der untersuchten Gesamtschule deutlich sichtbar ist. Ob sich für Lehrkräfte das Spannungsfeld von Mündigkeitserziehung und Bewertung in demokratie-pädagogischen Vorreiterschulen entspannt, muss zukünftige (qualitative als auch quantitative) Forschung dringend klären, denn theoretisch ist diese Annahme sehr verbreitet (vgl. Brüggelmann, 2014, S. VIII; Beutel & Beutel, 2010; Fauser, 2010) und einige Äußerungen in den Interviews (z. B. bei Elisabeth, Reiner und Anja) legen dies ebenfalls nahe.

Untersuchung der korridorialen Streuung der Einstellungen zu Bewertung und Mündigkeit im entwickelten Koordinatensystem: Das entwickelte Koordinatensystem (vgl. Kapitel 7.2) legt einen Zusammenhang zwischen progressiven Einstellungen bei der Bewertungsaufgabe und einer hohen Wertschätzung der Mündigkeitserziehung nahe. Diese Annahme sollte in zukünftiger Forschung weiter untersucht werden, insbesondere unter dem Aspekt der Positionierung im Spannungsfeld von Mündigkeit und Bewertung.

Detaillierte Analyse des in der Schule praktizierten Mündigkeitsbegriffes: In zukünftiger Forschung bedarf es dringend einer vertieften Analyse der angelegten Mündigkeitsbegriffe in der Schule. Inwiefern handelt es sich bei Mündigkeit um einen zentralen Leitbegriff im Erziehungsauftrag von Lehrkräften? Welche Rolle spielt der Mündigkeitsbegriff der *Kritischen Theorie*? Wird die institutionalisierte Ausbildung von Mündigkeit kritisch hinterfragt? Welche Rolle spielen Kritik und Widerstand im Mündigkeitsverständnis der Lehrkräfte? Und inwieweit trägt die Schule die Hauptverantwortung für die Mündigkeitserziehung der nachwachsenden Generation? Den hier aufgeworfenen Fragen kann sowohl mit dem vorliegenden Datensatz als auch mit neuen qualitativen und quantitativen Erhebungen begegnet werden.

9. Schluss

Das Verhältnis von Mündigkeitserziehung und Bewertung wurde in der vorliegenden Arbeit als konkretisierte antinomische Spannung mehrerer abstrakter Antinomien nach Helsper (2016), insbesondere der Symmetrieantinomie und Autonomieantinomie, und als ein historisches, kulturell ausgeformtes, soziales Widerspruchsverhältnis interpretiert (vgl. Kapitel 5). Die Arbeit konnte aufzeigen, dass Lehrkräfte mit der Bewertungsaufgabe rechtlich eine top-down Maßnahme ausführen, die sich aus gesellschaftsorganisatorischen und machtpolitischen Beweggründen historisch ausbildete und in der Schüler*innen keine Mitspracherechte garantiert sind (vgl. Häcker & Winter, 2010, S. 297; vgl. Kapitel 3.1 und 3.3). Die dominierende summative Bewertung mit Ziffernnoten ist schon seit Jahrzehnten aufgrund der fehlenden Güte der Lehrkraftmessungen und pädagogisch abträglicher Wirkungen in der Kritik (vgl. Kapitel 3.4), konstituiert jedoch weiterhin die klassische Bewertungsform an deutschen Schulen (vgl. Kapitel 3.3). Die Bewertungsaufgabe steht in der Schule neben der Aufgabe zur Mündigkeitserziehung, die bereits ohne die Bewertung mit Widersprüchlichkeiten besetzt ist (vgl. Adorno, 1971, S. 109, in Kapitel 4.1). Die *Kritische Theorie* versteht Mündigkeitserziehung als eine Erziehung zum Widerspruch und sieht die Schule in einem Zielkonflikt aus Anpassung und Widerstand (vgl. ebd., S. 88, in Kapitel 4.1). Zudem sei die Schule als gesellschaftliche Bildungsinstitution selbst unauflösbar in potenziell repressive Elemente der Gesellschaft verstrickt (vgl. ebd., S. 122). Diese Widersprüchlichkeiten werden in der kritischen Erziehungswissenschaft und kritischen politischen Bildung deutlich stärker fokussiert als in der Demokratiepädagogik, der ein entleerter Demokratiebegriff und ein reduktionistisches Politikverständnis vorgeworfen wird (vgl. Wohnig, 2015, S. 270, in Kapitel 4.3). Dem Spannungsfeld von Mündigkeitserziehung sind auf theoretischer Ebene bereits viele Abhandlungen gewidmet (vgl. Kapitel 5.1). Bei den neueren Veröffentlichungen dominiert eine demokratiepädagogische Perspektive, die nur selten einen kritischen Mündigkeitsbegriff anlegt und mehrheitlich eine praktische Auflösung des Konflikts zwischen traditioneller (Noten-)Bewertung und demokratischer Erziehungsaufgabe darin sieht, die Leistungsbewertung zu pädagogisieren und zu demokratisieren (vgl. Kapitel 5.1). Empirisch ist das Spannungsfeld jedoch kaum erforscht (vgl. Kapitel 5.2).

Das Forschungsanliegen der vorliegenden Arbeit bestand darin herauszufinden, wie sich Lehrkräfte in dem antinomischen Spannungsverhältnis von Bewertung und Mündigkeitserziehung behaupten. Die Einzelfallanalysen und die komparative Verortung im Koordinatensystem ergaben, dass sich die Stichprobe anhand des Kriteriums ‚Wahrnehmung des Spannungsfeldes' zweiteilen lässt und der angelegte Mündigkeitsbegriff mit dieser Zweiteilung stark korreliert (vgl. Abbildung 6). Es liegt die Schlussfolgerung nahe, dass die Hälfte der Lehrkräfte das Spannungsfeld vermeidet, indem sie (a) die Aufgabe der Mündigkeitserziehung von sich weist oder (b) einen entleerten Mündigkeitsbegriff anlegt. Auf der anderen Seite der Zweiteilung der Stichprobe stehen drei Lehrkräfte, die einen (tendenziell) kritischen Mündigkeitsbegriff anlegen und ein Spannungsfeld wahrnehmen. Sie weisen individuelle Behauptungszusammenhänge im Spannungsfeld auf, die jeweils mit theoretischen Ausführungen dieser Arbeit begründet werden können, zugleich aber deutliche Problematiken implizieren. Da ist erstens Anika, die sich leidenschaftlich der Mündigkeitserziehung widmet, sich von der (summativen) Bewertungsaufgabe und der schulischen Allokationsfunktion (vgl. Fend, 1980) jedoch vollständig entfremdet hat. Da ist zweitens Alyssa, die sich mit einem Mix aus ‚echter' und Pseudo-Beteiligung im Spannungsfeld behauptet, sich bei der Notengebung jedoch entweder in Konflikt mit dem Schulgesetz bringt oder ihre Schüler*innen mit pseudopartizipativen Elementen nicht in letzter Konsequenz beteiligen kann. Und da ist drittens Reiner, der zwar die Doppelschlächtigkeit und Widersprüchlichkeit der Mündigkeitserziehung erkennt (vgl. Adorno, 1971, S. 109), aber durch die Externalisierung der Mündigkeitsausbildung an die Schüler*innen der gesellschaftlichen Frage nach und Verantwortung für die Mündigkeitserziehung ausweicht. Übrig bleibt Elisabeth, die sich in widersprüchliche Aussagen verstrickt und am Ende ihre eigene Positionierung zur Mündigkeitserziehung und zum Spannungsfeld nicht deutlich machen kann.

In Bezug auf die Antinomien des Lehrkraftberufs kann resümiert werden, dass die interviewten Lehrkräfte mehrheitlich keine angemessene Berücksichtigung der Paradoxien professionellen Handelns aufweisen, sondern sich auf die eine oder andere Seite des Spannungsfeldes schlagen. Die vorliegende Studie bestätigt damit eine mangelhafte Reflexivität von Lehrkräften in antinomischen Aufgabenkonstellationen, wie sie auch Streckeisen et al. (2007) für das Spannungsfeld von Fördern und Auslesen feststellten. Lediglich bei den drei Lehrkräften Reiner, Alyssa und Elisabeth zeigen sich Tendenzen der Ausbalancierung der antinomischen Aufgaben.

Aus strukturfunktionalistischer als auch aus demokratischer Perspektive ist besonders die bei vier Lehrkräften diagnostizierte Vernachlässigung der Mündigkeitserziehung bedenklich. Die Enkulturations- und Integrationsfunktion der Schule wird von diesen Lehrkräften nicht adäquat ausgeführt (vgl. Fend, 2009). Zudem widersetzen sich die betroffenen Lehrkräfte den im Schulgesetz festgehaltenen Ansprüchen an die Demokratieerziehung (vgl. SchulG, 2005, § 2). Die Studie liefert somit Indizien, dass Mündigkeitserziehung in der Wahrnehmung vieler Lehrkräfte nicht den hohen Stellenwert besitzt, den Schulgesetze, Richtlinien und Wissenschaft für sinnvoll erachten (vgl. Kapitel 4). Positiv kann zumindest die Pluralität der Deutungen der Lehrkräfte hervorgehoben werden, die in der vorliegenden Studie ersichtlich wurde und den Schüler*innen in der Mündigkeitsausbildung eine Vielfalt der Perspektiven auf Schule und Demokratie ermöglicht, um sie mit ihren eigenen Einstellungen abgleichen zu können. Die kurz vor Veröffentlichung stehenden *Richtlinien Bildungs- und Erziehungsgrundsätze* sind ein wichtiger Schritt zur neuerlichen Betonung der Bedeutung der Mündigkeitserziehung an nordrhein-westfälischen Schulen (vgl. MfSB-NRW, 2023). Beunruhigend ist auf der anderen Seite die randständige Rolle der Mündigkeitserziehung in den *Standards für die Lehrerbildung* der KMK (vgl. KMK, 2022).

Mit Blick auf die Debatte um bildungspolitische Reformen (vgl. Kapitel 3.2) kann unter Berücksichtigung der aus den Interviews gewonnenen Erkenntnisse festgehalten werden, dass eine weitere Entschärfung der Selektivität des nordrhein-westfälischen Bildungswesens einer Entschärfung des Spannungsfeldes zuträglich sein dürfte (vgl. Schönig, 2010, S. 177, in Kapitel 5.1; vgl. Kapitel 3.2). Dazu zählen der weitere Ausbau von Sekundar- und Gesamtschulen sowie die in der untersuchten Gesamtschule praktizierte ‚späte' Selektion ab Klasse neun. Interessanterweise wird dieser Trend nicht von einer späteren Einführung der Ziffernnoten begleitet, die bereits ab Klasse vier verpflichtend sind (vgl. MfSB-NRW, 2024, in Kapitel 3.2). Das ist insofern beachtlich, da Ziffernnoten historisch gesehen aus summativen Beweggründen eingeführt wurden und pädagogisch kaum zu legitimieren sind (vgl. Häcker & Winter, 2010, S. 297; Brüggelmann, 2014, in Kapitel 3.4). Es stellt sich die Frage, warum summative Aussagen über Schüler*innen in aller Regelmäßigkeit erhoben werden müssen, wenn der ursprünglich hintergründig legitimierende Aspekt der Selektionsentscheidung (noch) nicht vorhanden ist. Es wird angenommen, dass diese Konstellation das Spannungsfeld künstlich befeuert.

Stattdessen sieht die vorliegende Studie eine Stärkung des *formative assessments* als Möglichkeit zur Abschwächung des Spannungsfeldes und argumentiert damit in eine ähnliche Richtung wie Schönig (2010, S. 169, in Kapitel 5.1). In den Interviews wurde deutlich, dass die summative Bewertungsfunktion den formativen Zweck von Testungen stark überlagert und bei den Lehrkräften mitunter ein reduktionistisches Test- und Diagnostikverständnis vorliegt (vgl. Kapitel 7.1.2). Eine Zurückdrängung der summativen Leistungsbewertung müsste mit einer Stärkung formativer Diagnostik einhergehen, die im Sinne des *formative assessment* zum Ziel hat, das Lernen der Schüler*innen zu verbessern (vgl. Cizek, 2010, in Kapitel 3). Doch so lange Bewertungen mit summativem Charakter im Klassenraum existieren, wird die vielerorts geforderte Entflechtung von formativer und summativer Bewertung nicht in letzter Konsequenz möglich sein. Das haben bereits Streckeisen et al. (2007, S. 307) in ihrer Erhebung resümiert.

Eine Pädagogisierung summativer Bewertungen wird hingegen mit Argwohn betrachtet. Die Forderung, die insbesondere in einigen demokratiepädagogischen Beiträgen zur Auflösung des Spannungsfeldes mitschwingt (vgl. Beutel & Beutel, 2010; Edler, 2010; Beutel, W., 2010; Beutel, S.-I., 2010) und unter anderem von Elisabeth und Reiner vertreten wird, verschleiert den eigentlichen (gesellschaftlichen) Zweck summativer Bewertung, der in der vorliegenden Arbeit historisch (vgl. Kapitel 3.1) und rechtlich (vgl. SchulG, 2005, in Kapitel 3.3) hergeleitet wurde. Die vorliegende Studie empfiehlt eine trennscharfe Unterscheidung der formativen und summativen Bewertungsfunktionen und ihren Implikationen, um deutlich zu machen, dass Lehrkräfte in der Schule sowohl als Exekutivorgan der gesellschaftlich geforderten Selektion testen, als auch als Lerncoach im Auftrag der Kinder zur Verbesserung des Lernens (vgl. *doppeltes Mandat* der Lehrkräfte in Terhart, 1987, S. 790). Streckeisen et al. (2007, S. 35-36) bemängelten in ihrer Arbeit die ausschließlich pädagogische Perspektive in Definitionen zum Beurteilungshandeln von Lehrkräften. Diese Kritik kann auf die *Standards für die Lehrerbildung: Bildungswissenschaften* der KMK (2022) und den Entwurf *Richtlinien Bildungs- und Erziehungsgrundsätze* (vgl. MfSB-NRW, 2023) ausgeweitet werden, in denen die Aussprache der summativen Bewertungsfunktion ebenfalls vermieden wird (vgl. Kapitel 3.3).

Die Ergebnisse der vorliegenden Arbeit bieten zahlreiche Anknüpfungspunkte für zukünftige qualitative und quantitative Forschung, die bereits in Kapitel acht ausführlich diskutiert wurden. Insbesondere die Mündigkeitserziehung zwischen Querschnittsaufgabe und politischer Bildung, der Einfluss demokratischer Schulkultur auf das Spannungsfeld und eine vertiefte Analyse des in der Schule praktizierten Mündigkeitsbegriffes stellen wichtige Fragestellungen für zukünftige Forschung dar.

Literaturverzeichnis

Adorno, T. W. (1971). *Erziehung zur Mündigkeit. Vorträge und Gespräche mit Hellmut Becker 1959 bis 1969* (G. Kadelbach, Hrsg.). Suhrkamp.

Andrade, H. L., & Cizek, G. J. (2010). *Handbook of formative assessment*. Routledge.

Bastian, J., & Helsper, W. (2000). Professionalisierung im Lehrerberuf – Bilanzierung und Perspektiven. In J. Bastian, W. Helsper, S. Reh & C. Schelle (Hrsg.), *Professionalisierung im Lehrerberuf* (S. 167-192). Leske und Budrich.

Bauer, C. (2015). Das mündige Subjekt? In B. Widmaier & B. Overwien (Hrsg.), *Was heißt heute Kritische Politische Bildung?* (S. 26-34). Wochenschau-Verlag.

Baumert, J., & Demmrich, A. (2001). Test motivation in the assessment of student skills: The effects of incentives on motivation and performance. *European Journal of Psychology of Education, 16*(3), 441-462.

Baumert, J., Maaz, K., Gresch, C., McElvany, N., Anders, Y., Jonkmann, K., Neumann, M., & Watermann, R. (2010). Der Übergang von der Grundschule in die weiterführende Schule – Leistungsgerechtigkeit und regionale, soziale und ethnisch-kulturelle Disparitäten: Zusammenfassung der zentralen Befunde. In Y. Anders, K. Maaz, C. Gresch & N. McElvany (Hrsg.), *Der Übergang von der Grundschule in die weiterführende Schule. Leistungsgerechtigkeit und regionale, soziale und ethnisch-kulturelle Disparitäten* (S. 5-21). BMBF, Referat Bildungsforschung.

Baurmann, J. (1995). Der Einfluss von Auswertungsbedingungen, Vorinformationen und Persönlichkeitsmerkmalen auf die Benotung von Deutschaufsätzen. In K. Ingenkamp (Hrsg.), *Die Fragwürdigkeit der Zensurengebung* (S. 117-130) (9. Auflage). Beltz.

Behrmann, G. C. (2000). Die Erziehung kritischer Kritiker als neues Staatsziel. In C. Albrecht, G. C. Behrmann, M. Bock, H. Homann & F.

H. Tenbruck (Hrsg.), *Die intellektuelle Gründung der Bundesrepublik* (S. 448-496). Campus.

Behrmann, L., & van Ophuysen, S. (2017). Das Vier-Komponenten-Modell der Diagnosequalität. In A. Südkamp & A.-K. Praetorius (Hrsg.), *Diagnostische Kompetenz von Lehrkräften. Theoretische und methodische Weiterentwicklungen* (S. 38-39). Waxmann.

Bernhard, H.-W. (2018, 12. September). *Wie geht's weiter mit der Hauptschule? Perspektiven für die Hauptschule in NRWs Schulstruktur.* GEW NRW. https://www.gew-nrw.de/neuigkeiten/detail/wie-gehts-weiter-mit-der-hauptschule

Beutel, S.-I. (2005). *Zeugnisse aus Kindersicht. Kommunikationskultur an der Schule und Professionalisierung der Leistungsbeurteilung.* Juventa.

Beutel, S.-I. (2010). Im Dialog mit den Lernenden – Leistungsbeurteilung als Lernförderung und demokratische Erfahrung. In S.-I. Beutel & W. Beutel (Hrsg.), *Beteiligt oder bewertet? Leistungsbeurteilung und Demokratiepädagogik* (S. 45-60). Wochenschau-Verlag.

Beutel, W. (2010). Die Not mit den Noten – Zur Dokumentation und Beurteilung von Lernen und Handeln in demokratiepädagogischen Projekten. In S.-I. Beutel & W. Beutel (Hrsg.), *Beteiligt oder bewertet? Leistungsbeurteilung und Demokratiepädagogik* (S. 251-275). Wochenschau-Verlag.

Beutel, W. (2011). Demokratiepädagogik als eigentliche politische Bildung? In T. Goll (Hrsg.), *Bildung für die Demokratie. Beiträge von Politikdidaktik und Demokratiepädagogik* (S. 57-82). Wochenschau-Verlag.

Beutel, W., & Beutel, S.-I. (2010). Beteiligt oder bewertet? Zum Spannungsfeld von Leistungsbeurteilung und Demokratiepädagogik. In S.-I. Beutel & W. Beutel (Hrsg.), *Beteiligt oder bewertet? Leistungsbeurteilung und Demokratiepädagogik* (S. 9-24). Wochenschau-Verlag.

Birkel, P. (2009). Rechtschreibleistung im Diktat – eine objektiv beurteilbare Leistung? *Didaktik Deutsch, 15*(27), 5-32.

Block, R., & Klemm, K. (2006). PISA 2003: differenzierende Bemerkungen zum neuen Ländervergleich. *Schulverwaltung: Zeitschrift Für Schulentwicklung und Schulmanagement. Nordrhein-Westfalen, 17*(2), 38-40.

Bolte, K. M. (1979). *Leistung und Leistungsprinzip: Zur Konzeption, Wirklichkeit und Möglichkeit eines gesellschaftlichen Gestaltungsprinzips.* Leske und Budrich.

Borns, R. (2018). Grundschulgutachten: Der Blick in die Glaskugel. *Die Zeitschrift der Bildungsgewerkschaft, 70*(3), 16-17.

Bos, W., Beutel, S.-I., Berkemeyer, N., & Schenk, S. (2010). *Leistungsbeurteilung ohne Ziffernzeugnisse. Abschlussbericht der wissenschaftlichen Begleitforschung.* TU Dortmund. https://silo.tips/download/luzi-leistungsbeurteilung-ohne-ziffernzeugnisse-abschlussbericht-der-wissenschaf

Bremer, H., & Trumann, J. (2015). Der „subversive" Charakter kritischer politischer Bildung. In B. Widmaier & B. Overwien (Hrsg.), *Was heißt heute Kritische Politische Bildung?* (S. 44-50). Wochenschau-Verlag.

Broadfoot, P. M., Daugherty, R., Gardner, J., Gipps, C. V., Harlen, W., James, M., & Stobart, G. (1999). *Assessment for learning: Beyond the black box.* University of Cambridge School of Education.

Brüggelmann, H. (2006). Sind Noten nützlich – und nötig? Ziffernzensuren und ihre Alternativen im empirischen Vergleich. Eine Expertise der Arbeitsgruppe Primarstufe an der Universität Siegen im Auftrag des Grundschulverbands e.V. (Kurzfassung). In H. Bartnitzky, H. Brüggelmann, U. Hecker & G. Schönknecht (Hrsg.), *Pädagogische Leistungskultur* (S. 17-46). Grundschulverband – Arbeitskreis Grundschule e.V.

Brüggelmann, H. (2014). *Sind Noten nützlich – und nötig? Ziffernzensuren und ihre Alternativen im empirischen Vergleich. Eine wissenschaftliche Expertise des Grundschulverbandes* (3. Auflage). Grundschulverband e.V.

Cizek, G. (2010). An introduction to formative assessment: history, characteristics, and challenges. In H. L. Andrade & G. J. Cizek (Hrsg.), *Handbook of formative assessment* (S. 3-17). Routledge.

Crooks, T. J. (1988). The impact of classroom evaluation practices on students. *Review of Educational Research, 58*(4), 438-481. https://doi.org/10.3102/00346543058004438

Deutsches Schulportal. (2021, 19. April) *Lernplan, Lernbüro und Logbuch im virtuellen Raum.* Deutsches Schulportal. https://deutsches-schulportal.de/konzepte/lernplan-lernbuero-und-logbuch-im-virtuellen-raum/

Dierig, C., Doll, N., Hegmann, G., Merkel, K., & Nicolai, B. (2013, 31. August). *Für Arbeitgeber sind Schulnoten inzwischen egal.* Welt. https://www.welt.de/wirtschaft/karriere/article119565507/Fuer-Arbeitgeber-sind-Schulnoten-inzwischen-egal.html

Dresing, T., & Pehl, T. (2015). *Praxisbuch Interview, Transkription & Analyse. Anleitungen und Regelsysteme für qualitativ Forschende* (6. Auflage). Eigenverlag.

Eder, M. (2021). *Von der Bildungstheorie zur Kompetenzorientierung. Eine analytische Auseinandersetzung mit zwei zentralen Begriffen der Gegenwart und den Folgen eines Paradigmenwechsels.* Klinkhardt.

Edler, K. (2010). Schulnoten und Demokratie. In S.-I. Beutel & W. Beutel (Hrsg.), *Beteiligt oder bewertet? Leistungsbeurteilung und Demokratiepädagogik* (S. 27-44). Wochenschau-Verlag.

Eis, A. (2015). Mythos Mündigkeit – oder Erziehung zum funktionalen Subjekt? In B. Widmaier & B. Overwien (Hrsg.), *Was heißt heute Kritische Politische Bildung?* (S. 69-77). Wochenschau-Verlag.

Fabel-Lamla, M. (2006). Erziehung zur Mündigkeit. In A. Honneth (Hrsg.), *Schlüsseltexte der Kritischen Theorie* (S. 85-89). VS Verlag für Sozialwissenschaften.

Fauser, P. (2010). Leistungsprinzip und demokratisches Leistungsethos. Idee und Realität eines pädagogischen Grundkonzepts. In S.-I. Beutel & W. Beutel (Hrsg.), *Beteiligt oder bewertet? Leistungsbeurteilung und Demokratiepädagogik* (S. 61-95). Wochenschau-Verlag.

Fauser, P., Prenzel, M., & Schratz, M. (2007). *Was für Schulen! Gute Schulen in Deutschland. Der Deutsche Schulpreis 2006*. Kallmeyer.

Fend, H. (1980). *Theorie der Schule*. Urban und Schwarzenberg.

Fend, H. (2006). *Neue Theorie der Schule. Einführung in das Verstehen von Bildungssystemen*. VS Verlag für Sozialwissenschaften.

Fend, H. (2009). Die sozialen und individuellen Funktionen von Bildungssystemen: Enkulturation, Qualifikation, Allokation und Integration. In C. Hof, V. Ladenthin, T. Fuhr, W. Plöger, P. Gonon, A. Kaiser, S. Hellekamps & W. Wittenbruch (Hrsg.), *Handbuch der Erziehungswissenschaft: Band II: Teilband 1: Schule. Teilband 2: Erwachsenenbildung/Weiterbildung* (S. 43-55). Schöningh.

Foucault, M. (1984). Was ist Aufklärung? In D. Defert (2010, Hrsg.), *Schriften in vier Bänden. Band IV* (S. 687-707). Suhrkamp.

Foucault, M. (1992). *Was ist Kritik*. Merve Verlag Berlin.

Giers, U. (1993). Korrektur und Bewertung von Aufsätzen. *Deutschunterricht, 46*, 349- 356.

Giesinger, J. (2011). „Wie kultiviere ich die Freiheit bei dem Zwange?" Zu Kants Pädagogik. *Pädagogische Rundschau, 65*(3), 259-270.

Gold, A., & Souvignier, E. (2005). Prognose der Studierfähigkeit. Ergebnisse aus Längsschnittanalysen. *Zeitschrift für Entwicklungspsychologie und Pädagogische Psychologie, 37*, 214-222.

Goll, T. (2010). Leistungsbeurteilung in der politischen Bildung – fachliche Aspekte und Beteiligungsmöglichkeiten. In S.-I. Beutel & W. Beutel (Hrsg.), *Beteiligt oder bewertet? Leistungsbeurteilung und Demokratiepädagogik* (S. 144-165). Wochenschau-Verlag.

Habermas, J. (1968). *Erkenntnis und Interesse*. Suhrkamp.

Habermas, J. (1994). *Erkenntnis und Interesse* (11. Auflage). Suhrkamp.

Häcker, T., & Winter, F. (2010). Portfolios – ein Beitrag zur Demokratisierung des Lernens und der Leistungsbeurteilung. In S.-I. Beutel & W. Beutel (Hrsg.), *Beteiligt oder bewertet? Leistungsbeurteilung und Demokratiepädagogik* (S. 292-309). Wochenschau-Verlag.

Hänze, M., Berger, R., & Bianchy, K. (2009). Fördern Schulnoten die Motivation? Eine quasi-experimentelle Studie zum Einfluss der Benotungserwartung auf selbstberichtete und verhaltensnah erhobene Motivationsqualitäten. *Psychologie in Erziehung und Unterricht, 56*(4), 258-270.

Helsper, W. (1996). Antinomien des Lehrerhandelns in modernisierten pädagogischen Kulturen. Paradoxe Verwendungsweisen von Autonomie und Selbstverantwortlichkeit. In A. Combe & W. Helsper (Hrsg.), *Pädagogische Professionalität. Untersuchungen zum Typus pädagogischen Handelns* (S. 521-569). Suhrkamp.

Helsper, W. (2000). Antinomien des Lehrerhandelns und die Bedeutung der Fallrekonstruktion – Überlegungen zu einer Professionalisierung im Rahmen universitärer Lehrerbildung. In E. Cloer, D. Klika & H. Kunert (Hrsg.), *Welche Lehrer braucht das Land? Notwendige und mögliche Reformen der Lehrerbildung* (S. 142-177). Juventa.

Helsper, W. (2016). Lehrerprofessionalität – der strukturtheoretische Ansatz. In M. Rothland (Hrsg.), *Beruf Lehrer/Lehrerin. Ein Studienbuch* (S. 103-125). Waxmann Verlag.

Helsper, W. (2021). *Professionalität und Professionalisierung pädagogischen Handelns*. Verlag Barbara Budrich.

Heritage, M. (2011). Formative assessment: An enabler of learning. *Better: Evidence-based Education, 3*(3), 18-19.

Hesse, I., & Latzko, B. (2017). *Diagnostik für Lehrkräfte* (3. Auflage). Verlag Barbara Budrich.

Hinz, R. (2010). Emanzipation, Mündigkeit und Selbstbestimmung: Leistungsbeurteilung und Bildung als „neue" Gegenstandsbereiche der Allgemeinen Didaktik? In S.-I. Beutel & W. Beutel (Hrsg.), *Beteiligt oder bewertet? Leistungsbeurteilung und Demokratiepädagogik* (S. 111-123). Wochenschau-Verlag.

Horkheimer, M., & Adorno, T. W. (1947). *Dialektik der Aufklärung*. Querido-Verlag.

Humboldt, W. (1792). Ideen zu einem Versuch, die Gränzen der Wirksamkeit des Staates zu bestimmen. In A. Flitner & K. Giel (1966, Hrsg.), *Humboldt-Werke, Band 1*. Cotta.

Ingenkamp, K. (1971a). *Die Fragwürdigkeit der Zensurengebung*. Beltz.

Ingenkamp, K. (1971b). Probleme der schulischen Leistungsbeurteilung unter besonderer Berücksichtigung des Deutschunterrichts. *Der Deutschunterricht, 23*(3), 54-76

Ingenkamp, K. (1989). *Diagnostik in der Schule.* Beltz.

Ingenkamp, K. (1995). Sind Zensuren aus verschiedenen Klassen vergleichbar? In K. Ingenkamp (Hrsg.), *Die Fragwürdigkeit der Zensurengebu*ng (S. 194-201) (9. Auf-lage). Beltz.

Klafki, W. (1971). Die Zielsetzungen des Autorenteams. In W. Klafki, G. M. Rückriem, W. Wolf, R. Freudenstein, H.-K. Beckmann, K. Lingelbach, G. Iben & J. Diedrich (Hrsg.), *Erziehungswissenschaft 3* (S. 254-266). Fischer.

Klafki, W. (1989). Gesellschaftliche Funktionen und pädagogischer Auftrag der Schule in einer demokratischen Gesellschaft. In K.-H. Braun, K. Müller & R. Odey (Hrsg.), *Subjektivität, Vernunft, Demokratie. Analysen und Alternativen zur konservativen Schulpolitik* (S. 4-33). Beltz.

Klafki, W. (1991). *Neue Studien zur Bildungstheorie und Didaktik. Zeitgemäße Allgemeinbildung und kritisch-konstruktive Didaktik* (2. Auflage). Beltz.

Klein, J. D., Erchul, J. A., & Pridemore, D. R. (1994). Effects of individual versus cooperative learning and type of reward on performance and continuing motivation. *Contemporary Educational Psychology, 19*(1), 24-32.

KMK (2000). *Aufgaben von Lehrerinnen und Lehrern heute – Fachleute für das Lernen.* Gemeinsame Erklärung des Präsidenten der Kultusministerkonferenz und der Vorsitzenden der Bildungs- und Lehrergewerkschaften sowie ihrer Spitzenorganisatoren Deutscher Gewerkschaftsbund DGB und DBB – Beamtenbund und Tarifunion. Kmk.org. https://www.kmk.org/fileadmin/veroeffentlichungen_beschluesse/2000/2000_10_05-Aufgaben-Lehrer.pdf

KMK (2022). *Standards für die Lehrerbildung: Bildungswissenschaften.* (Beschluss der KMK vom 16.12.2004 i. d. F. vom 07.10.2022). Kmk.org.

https://www.kmk.org/fileadmin/Dateien/veroeffentlichung en_beschluesse/2004/2004_12_16-Standards-Lehrerbildung.pdf

Köberer, N. (2022). Medienethik praktisch. (Digitale) Mündigkeit als Bildungsziel. In C. Berndt, T. Häcker & M. Walm (Hrsg.), *Ethik in pädagogischen Beziehungen* (S. 201-212). Klinkhardt.

Köhler, H. (2010). Lernwege öffnen, Kinder anerkennen – auch im Mathematikunterricht! In S.-I. Beutel & W. Beutel (Hrsg.), *Beteiligt oder bewertet? Leistungsbeurteilung und Demokratiepädagogik* (S. 277-291). Wochenschau-Verlag.

Kraul, M. (1995). Wie die Zensuren in die Schule kamen. *Pädagogik, 47*(3), 31-34.

Krüll, C. (2023). *Wie erfassen und bewerten Lehrkräfte mündliche Mitarbeit?* [Dissertation, Universität Münster]. Wissenschaftliche Schriften der WWU Münster, Reihe VI, Bd. 25. Miami Publikationsserver der Universität Münster.

Kuckartz, U., & Rädiker, S. (2022). *Qualitative Inhaltsanalyse. Methoden, Praxis, Computerunterstützung* (5. Auflage). Beltz Juventa.

Lahner, A. (2015). Über den Zusammenhang von Aufklärung, Kritik und erkenntnistheoretischem Interesse. In B. Widmaier & B. Overwien (Hrsg.), *Was heißt heute Kritische Politische Bildung?* (S. 162-170). Wochenschau-Verlag.

Land NRW (2019, 27. September). *50 Jahre Gesamtschule: VomSchulversuch zur nachgefragten Schulform*. Land NRW Pressemitteilungen. https://www.land.nrw/pressemitteilung/50-jahre-gesamtschule-vom-schulversuch-zur-nachgefragten-schulform

Landtag Nordrhein-Westfalen (2005). SchulG (Schulgesetz für das Land Nordrhein-Westfalen). Fassung vom 15. Februar 2005 (zuletzt geändert durch Gesetz vom 23. Februar 2022 (GV. NRW. S. 1052)). https://bass.schul-welt.de/6043.htm#menuheader

Langer, D. (2021). Mündigkeit ist lernbar – auch lehrbar?: Über den pädagogischen Umgang mit menschlichen Freiheiten und seiner Bedeutung für eine vernünftige Selbstbestimmung. *Pädagogische Rundschau, 75*(5), 585-606.

Lankau, R. (2021). *Autonom und mündig am Touchscreen. Für eine konstruktive Medienarbeit in der Schule.* Beltz.

Link, J.-W. (2017). Reformpädagogik im historischen Überblick. In H. Barz (Hrsg.), *Handbuch Bildungsreform und Reformpädagogik* (S. 15-30). Springer VS.

Lübbe-Wolff, G. (2023, 13. Oktober). *Wehrhafte Demokratie.* Verfassungsblog. https://verfassungsblog.de/wehrhafte-demokratie/

Luhmann, N. (2004). *Schriften zur Pädagogik.* Suhrkamp.

Maaz, K., Baeriswyl, F., & Trautwein, U. (2013). II. Studie: „Herkunft zensiert?" Leistungsdiagnostik und soziale Ungleichheiten in der Schule. In D. Deißner (Hrsg.), *Chancen bilden. Wege zu einer gerechteren Bildung – ein internationaler Erfahrungsaustausch* (S. 185-188). Springer VS.

Ministerium des Innern des Landes Nordrhein-Westfalen. (2005). AO-GS (Ausbildungsordnung Grundschule). *Verordnung über den Bildungsgang in der Grundschule.* Fassung vom 23. März 2005. https://recht.nrw.de/lmi/owa/br_text_anzeigen?v_id=10000000 000000000190

Ministerium für Schule und Bildung des Landes NRW. (2012, 3. Februar). *Grundschulen können bis Klasse 3 wieder Konzepte zur Leistungsbewertung ohne Ziffernoten nutzen.* Pressemitteilung. Bildungsklick. https://bildungsklick.de/schule/detail/grundschulen-koennen-bis-klasse-3-wieder-konzepte-zur-leistungsbewertung-ohne-ziffernoten-nutzen

Ministerium für Schule und Bildung des Landes NRW. (2015). BASS 12-63 (Bereinigte Amtliche Sammlung der Schulvorschriften NRW). Runderlass vom 05.05.2015. https://bass.schul-welt.de/15301.htm

Ministerium für Schule und Bildung des Landes NRW. (2023). *Richtlinien Bildungs- und Erziehungsgrundsätze für die allgemeinbildenden Schulen in Nordrhein-Westfalen.* Schulentwicklung.nrw.de. https://www.schulentwicklung.nrw.de/lehrplaene/upload/RiLi2023 /Entwurf_RiLi_VerbBtlg_2023_08_18.pdf

Ministerium für Schule und Bildung des Landes NRW. (2024). *Lernen in der Grundschule*. Bildungsland NRW. https://www.schul ministerium.nrw/lernen-der-grundschule

Ministerium für Schule und Bildung des Landes NRW. (o. J.a). *Gemein-schaftsschule – Grundlagen*. https://www.schulministerium.nrw /gemeinschaftsschule-grundlagen

Ministerium für Schule und Bildung des Landes NRW. (o. J.b). *Schulso-zialindex*. Bildungsland NRW. https://www.schulministe rium.nrw/schulsozialindex

Mismahl, A. (2021, 2. Dezember). *Lernfreude als Konzept*. Deutsch-landfunk Kultur. https://www.deutschlandfunkkultur.de/primus-schule-minden-100.html

Muñoz, V. (2006). *Report of the Special Rapporteur on the right to education: Mission to Germany*. United Nations. https:// www.refworld.org/reference/mission/unhrc/2007/en/41479

Nave-Herz, R. (1977). *Die Rolle des Lehrers. Eine Einführung in die Leh-rersoziologie und in die Diskussion um den Rollenbegriff*. Luchter-hand.

Nerowski, C. (2018). Leistung als „bewertete Handlung". *Zeitschrift für Bildungsforschung, 8*(3), 229-248. https://doi.org/10.1007/s35834-018-0227-6

Neumayer, I. (2017). *Schulgeschichte: Schulnoten*. Planet Wissen. https://www.planet-wissen.de/gesellschaft/lernen/schulgeschich-te/schulgeschichte-schulnoten-100.html

OECD. (o. J.). *Deutschlands PISA-Schock*. Oecd.org. https://www. oecd.org/ueber-uns/erfolge/deutschlands-pisa-schock.htm

OECD. (2023, 05. Dezember). *PISA 2022 Results: Factsheets. Germany*. Oecd.org.https://www.oecd.org/publication/pisa-2022-results/ country-notes/germany-1a2cf137/

Oevermann, U. (1973). *Zur Analyse der Struktur sozialer Deutungsmus-ter* (unveröffentlichtes Manuskript). Goethe Universität Frankfurt am Main. Publikationsserver UB. https://publikationen.ub.uni-frankfurt.de/frontdoor/index/index/docId/4951

Oevermann, U. (1991). Genetischer Strukturalismus und das sozialwissenschaftliche Problem der Erklärung der Entstehung des Neuen. In S. Müller-Doohm (Hrsg.), *Jenseits der Utopie* (S. 267-336). Suhrkamp.

Oevermann, U. (1993). Die objektive Hermeneutik als unverzichtbare methodologische Grundlage für die Analyse von Subjektivität. In T. Jung & S. Müller-Doohm (Hrsg.), *‚Wirklichkeit' im Deutungsprozess. Verstehen und Methoden in den Kultur- und Sozialwissenschaften* (S. 106-189). Suhrkamp.

Oser, F., & Biedermann, H. (2007). Partizipation – ein Begriff, der Meister der Verwirrung ist. In C. Quesel & F. Oser (Hrsg.), *Die Mühen der Freiheit. Probleme und Chancen der Partizipation von Kindern und Jugendlichen* (S. 17-37). Rüegger Verlag.

Overwien, B., & Widmaier, B. (2015). Was heißt heute Kritische Politische Bildung. In B. Widmaier & B. Overwien (Hrsg.), *Was heißt heute Kritische Politische Bildung?* (S. 17-25). Wochenschau-Verlag.

Perleth, C., & Sen, A. M. (2010). Zuverlässigkeit von Schulnoten, kognitiven Fähigkeitstests und Begabungseinschätzung von Eltern für die Wahl der weiteren Schullaufbahn. In S. Lin-Klitzing, D.-S. Di Fuccia & G. Müller-Fredrich (Hrsg.), *Übergänge im Schulwesen. Chancen und Probleme aus sozialwissenschaftlicher Sicht* (S. 105-126).Klinkhardt.

Press, N. I. (2001). Immanuel Kant: Beantwortung der Frage: Was ist Aufklärung? (1784). In V. Gerhardt, R. Horstmann & R. Schumacher (Hrsg.), *Kant und die Berliner Aufklärung: Akten des IX. internationalen Kant-Kongresses. Bd. I: Hauptvorträge. Bd. II: Sektionen I-V. Bd. III: Sektionen VI-X. Bd. IV: Sektionen XI-XIV. Bd. V: Sektionen XV-XVIII* (S.196-203). De Gruyter. https://doi.org/10.1515/97831108 74129

Pütz, T., & Textor, A. (2010). „Und dann trennten sich unsere Wege…" – Integration und Desintegration als Folge von Leistungsbeurteilung. In S.-I. Beutel & W. Beutel (Hrsg.), *Beteiligt oder bewertet? Leistungsbeurteilung und Demokratiepädagogik* (S. 96-110). Wochenschau-Verlag.

Rothland, M. (2001). Anmerkungen zur Aufsatzbeurteilung. *Der Deutschunterricht, 53*(1), 84-88.

Rothland, M. (2013). Beruf Lehrer/Lehrerin – Arbeitsplatz Schule. Charakteristika der Arbeitstätigkeit und Bedingungen der Berufssituation. In M. Rothland (Hrsg.), *Belastung und Beanspruchung im Lehrerberuf. Modelle, Befunde, Interventionen* (S. 21-39). Springer VS.

Rothland, M. (2021, 14. Juni). *Die Perspektive der Lehrkräfte 1: Deutungsmuster von Lehrpersonen zur Leistungsbeurteilung zwischen Förderung und Auslese.* [8. Vorle-sungssitzung, Folie 22]. Vorlesung: Schulleistung, Leistungsbeurteilung und Zensurengebung, Universität Münster, Deutschland.

Sacher, W. (2014). *Leistungen entwickeln, überprüfen und beurteilen. Bewährte und neue Wege für die Primar- und Sekundarstufe* (6. Auflage). Klinkhardt.

Schäfer, A. (2017). *Theodor W. Adorno. Ein pädagogisches Portrait* (2. Auflage). Beltz Juventa.

Scheerer, H., Schmied, D., & Tarnai, C. (1985). Verbalbeurteilung in der Grundschule. Arbeits- und Sozialverhalten in Grundschulzeugnissen in Nordrhein-Westfalen. *Zeitschrift für Pädagogik, 31*(2), 175-200.

Schimank, U. (2018). Leistung und Meritokratie in der Moderne. In S. Reh & N. Ricken (Hrsg.), *Leistung als Paradigma: Zur Entstehung und Transformation eines pädagogischen Konzepts* (S. 19-42). Springer VS.

Schmidinger, E., Hofmann, F., & Stern, T. (2016). Leistungsbeurteilung unter Berücksichtigung ihrer formativen Funktion. In M. Bruneforth (Hrsg.), *Fokussierte Analysen bildungspolitischer Schwerpunktthemen (Nationaler Bildungsbericht Österreich) 2015: Bd. 2* (S. 59-94). Leykam.

Schneider, G., & Toyka-Seid, C. (o. J.). *Nationalbewegung/Nationalstaat.* Bundeszentrale für politische Bildung. https://www.bpb.de/kurz-knapp/lexika/das-junge-politik-lexikon/320831/nationalbewegung-nationalstaat/

Schönig, W. (2010). Demokratisierung der Schule durch eine pädagogisch akzentuierte Leistungsbeteiligung? Überlegungen zur Arbeit am Leistungsethos der Schule. In S.-I. Beutel & W. Beutel (Hrsg.), *Beteiligt oder bewertet? Leistungsbeurteilung und Demokratiepädagogik* (S. 166-182). Wochenschau-Verlag.

Schröter, G. (1971). *Die ungerechte Aufsatzzensur.* Kamp.

Schröter, G. (1982). Was Deutsche von Zensuren halten. *Westermanns Pädagogische Beiträge, 34*(5), 194-197.

Schütze, F. (1980). Prozessstrukturen des Lebenslaufs. In J. Matthes, A. Pfeifenberger & M. Storberg (Hrsg.), *Biographie in handlungswissenschaftlicher Perspektive* (S. 67-156). Verlag der Nürnberger Forschungsvereinigung e.V.

Schütze, F. (1996). Organisationszwänge und hoheitsstaatliche Rahmenbedingungen im Sozialwesen: Ihre Auswirkungen auf die Paradoxien des professionellen Handelns. In A. Combe & W. Helsper (Hrsg.), *Pädagogische Professionalität. Untersuchungen zum Typus pädagogischen Handelns* (S. 183-276). Suhrkamp.

Schweppenhäuser, G. (2009). Erziehung zur Mündigkeit. In B. Fuchs, W. Böhm & S. Seichter (Hrsg.), *Hauptwerke der Pädagogik* (S. 1-3). Schönigh.

Starch, D., & Elliot, E. C. (1995). Die Verlässlichkeit der Zensuren von Mathematiklehrern. In K. Ingenkamp (Hrsg.), *Die Fragwürdigkeit der Zensurengebung* (S. 81-89) (9. Auflage). Beltz.

Streckeisen, U. (2012). Fördern, Auslesen, Vertrauen. Überlegungen zur Lehrer-Schüler-Beziehung vor dem Hintergrund einer Fallanalyse. In C. Nerowski, T. Hascher, M. Lunkenbein & D. Sauer (Hrsg.), *Professionalität im Umgang mit Spannungsfeldern der Pädagogik* (S. 189-200). Klinkhardt.

Streckeisen, U., Hänzi, D., & Hungerbühler, A. (2007). *Fördern und Auslesen: Deutungsmuster von Lehrpersonen zu einem beruflichen Dilemma.* VS Verlag für Sozialwissenschaften.

Streckeisen, U., Hänzi, D., & Hungerbühler, A. (2008). Die Lehrperson als Agentin des schulischen Berechtigungswesens: Deutungsmuster zum Verhältnis von Fördern und Auslesen. In J. Rameseger & M. Wagener (Hrsg.), *Chancenungleichheit in der Grundschule. Ursachen und Wege aus der Krise* (S. 263-266). VS Verlag für Sozialwissenschaften.

Streckeisen, U., Hänzi, D., & Hungerbühler, A. (2009). Zur Binnendifferenzierung des Volksschullehrberufs. Deutungsmuster von Lehrpersonen zum Verhältnis von Fördern und Auslesen. In M. Pfadenhauer & T. Schäffer (Hrsg.), *Profession, Habitus und Wandel* (S. 67-94). Peter Lang.

Streckeisen, U., Hänzi, D., & Hungerbühler, A. (2011). Störfaktor „Selektion". Wie Lehrkräfte mit dem Anwalt-Richter-Dilemma umgehen. In S. Albisser & C. Bieri (Hrsg.), *Sozialisation und Entwicklungsaufgaben Heranwachsender* (S. 225-243). Verlag Pestalozzianum.

Tenorth, H.-E. (2004). Lehrerarbeit – Strukturprobleme und Wandel der Anforderungen. In U. Beckmann, H. Brandt & H. Wagner. (Hrsg.), *Ein neues Bild vom Lehrerberuf? Pädagogische Professionalität nach PISA* (S. 14-23). Beltz.

Terhart, E. (1987). Vermutungen über das Lehrerethos. *Zeitschrift für Pädagogik, 33*(6), 787-804.

Thiel, O. (2005). *Modellierung der Bildungsgangempfehlung in Berlin* [Dissertation, Humboldt-Universität zu Berlin]. Open-Access-Publikationsserver der Humboldt-Universität. https://edoc.hu-berlin.de/handle/18452/16090

Thiel, O., & Valtin, R. (2002). Sind Zensuren aus verschiedenen Klassen vergleichbar? In R. Valtin (Hrsg.), *Was ist ein gutes Zeugnis? Noten und verbale Beurteilungen auf dem Prüfstand* (S. 67-76). Juventa.

Tiedemann, J., & Billmann-Mahecha, E. (2007). Zum Einfluss von Migration und Schulklassenzugehörigkeit auf die Übergangsempfehlung für die Sekundarstufe I. *Zeitschrift für Erziehungswissenschaft, 10*(1), 108-120. https://doi.org/10.1007/s11618-007-0009-8

Trapmann, S., Hell, B., Weigand, S., & Schuler, H. (2007). Die Validität von Schulnoten zur Vorhersage des Studienerfolgs – eine Metaanalyse. *Zeitschrift für Pädagogische Psychologie, 21*(1), 11-27.

Trautwein, U., Lüdtke, O., Becker, M., & Neumann, M. (2008). Die Sekundarstufe I im Spiegel der empirischen Bildungsforschung: Schulleistungsentwicklung, Kompetenzniveaus und die Aussagekraft von

Schulnoten. In E. Schlemmer & H. Gerstberger (Hrsg.), *Ausbildungs-fähigkeit im Spannungsfeld zwischen Wissenschaft, Politik und Praxis* (S. 91-107). VS Verlag für Sozialwissenschaften.

Vollstädt, W., & Jachmann, M. (2002). Leistungsbeurteilung, Zeugnisse und Lernkultur aus der Sicht Hamburger Sekundarschülerinnen und -schüler. In S.-I. Beutel, M. Jachmann, W. Vollstädt, K.-J. Tillmann & W. Lütgert (Hrsg.), *Noten oder Berichte? Die schulische Bewertungspraxis aus der Sicht von Schülern, Lehrern und Eltern. Endbericht des Forschungsprojektes „Leistungsbeurteilung und -rückmeldung an Hamburger Schulen" (LeiHS). Teil B* (S. 111-154). https://www.yumpu.com/de/document/view/1990556/noten-oder-berichte-die-schulische-beurteilungspraxis-hamburg

Volmer, F. (2011). *Emanzipierte Schul- und Bildungspolitik in Nordrhein-Westfalen. Auf dem Weg von der zentralen zur regionalen Schul- und Bildungspolitik* [Dissertation, Universität Münster]. Wissenschaftliche Schriften der WWU Münster, Reihe VII, Bd. VI. MV-Verlag, Münster.

Weiss, R. (1995). Die Zuverlässigkeit der Ziffernbenotung bei Aufsätzen und Rechenarbeiten. In K. Ingenkamp (Hrsg.), *Die Fragwürdigkeit der Zensurengebung* (S. 104-116) (9. Auflage). Beltz.

Werner, K., Freundl, V., Pfaehler, F., Wedel, K., & Wößmann, L. (2023). Was die Deutschen über die Qualität der Schulen denken – Ergebnisse des zehnten ifo Bildungsbarometers 2023. *Ifo Schnelldienst, 76*(9), 37-50.

Wernet, A. (2000). *Einführung in die Interpretationstechnik der Objektiven Hermeneutik.* Leske und Budrich.

Witzel, A. (1982). *Verfahren der qualitativen Sozialforschung. Überblick und Alternativen.* Campus.

Wößmann, L., Lergetporer, P., Grewenig, E., Kersten, S., & Werner, K. (2018, 13. September). *Denken Jugendliche anders über Bildungspolitik als Erwachsene?* IFO Bildungsbarometer. https://doi.org/10.7805/ies-suf-2018-v1

Ziegenspeck, J. W. (1999). *Handbuch Zensur und Zeugnis in der Schule: historischer Rückblick, allgemeine Problematik, empirische Befunde und bildungspolitische Implikationen.* Klinkhardt.

Anhang

Anhang 1: Biografische Daten und Case Summaries

Karinas biografische Daten

Schule:	Gymnasium
studierte Fächer:	Mathematik und Physik
unterrichtende Fächer:	Mathematik und Physik
Studium:	Sek 2
Jahre im Schuldienst (inkl. Referendariat):	18 Jahre
Geburtsjahr:	1980
Geschlecht:	weiblich

Karinas Case Summary

Karina nimmt das Verhältnis zwischen Bewertung und Mündigkeit nicht als Widerspruch wahr. Ganz grundsätzlich nimmt die Mündigkeitserziehung in Karinas Unterrichtsalltag nur einen geringen Platz ein. Stattdessen steht für Karina der Fachunterricht im Fokus, der bei ihr aktuell allerdings von Frustrationserfahrungen geprägt ist. Mündigkeitserziehung bedeutet für Karina das Aufbauen von Wissen und das Unterstützen der eigenen Meinungsbildung sowie das Ausbilden einer sozialen Problemlösekompetenz. Die Schulpflicht sieht sie dabei nicht als Problem. Widerstand ist für Karina per se erstmal eine problematische Schüler*innen-Eigenschaft. Sie nimmt insbesondere einen trägen „Wiederstand gegen Alles" (I 1, S. 3: 8-10) und eine große Lustlosigkeit wahr, die sie in pubertärem Gehabe und in inhaltlicher Überforderung begründet sieht. Insgesamt resümiert Karina, dass die Schüler*innen in ihrem Unterricht keine demokratischen und mündigen Erfahrungen machen. Karina nimmt die Bewertungsaufgabe als störend wahr und bemängelt insbesondere die fehlende wertschätzende und motivationale Wirkung von Noten sowie die schädigende Wirkung auf eine positive Fehlerkultur. Bei der Notengebung ist Widerstand in begrenzter

Form für Karina akzeptabel. Sie räumt allerdings keinen Raum für eine Besprechung oder Diskussion der Noten mit Schüler*innen ein, die die Hintergründe sowieso nicht einschätzen können würden.

Anikas biografische Daten

Schule:	Gymnasium
studierte Fächer:	Mathematik und Geschichte
unterrichtende Fächer:	Mathematik und Geschichte
Studium:	Master of Education Gymnasium/Gesamtschule
Jahre im Schuldienst (inkl. Referendariat):	9 ½ Jahre
Geburtsjahr:	1986
Geschlecht:	weiblich

Anikas Case Summary

Anika betrachtet die an sie gestellten Aufgaben der Mündigkeitserziehung und Bewertung in der sich ihr stellenden Berufsrealität als äußerst spannungsgeladen und nicht miteinander vereinbar. Die Geschichts- und Mathelehrerin trennt dabei die Herzensangelegenheit der Mündigkeitserziehung klar von dem ihr aufgezwungenen Übel der Notengebung ab. Noten, die die Individualität der Leistungen und Anstrengungen der Schüler*innen nicht abbilden können, müssten abgeschafft und durch berichtsförmige und formative Bewertungen ersetzt werden. Anika lehnt auch die fehleranfällige Selektions- und Allokationsfunktion der Schule insgesamt ab und spricht sich stattdessen für externe Eignungstests und Selbstreflexionen aus. Anika sieht ihre zentrale Aufgabe in der Schule darin, ihre Schüler*innen zu aktiven demokratischen Bürger*innen zu erziehen. Sie versteht Mündigkeit als Befähigung zu gesellschaftlicher Partizipation, insbesondere auf europäischer Ebene und im Rahmen der Weltgemeinschaft, und als Befähigung zum demokratischen Handeln. Die Schule behindert jedoch auch abseits von der Benotungsaufgabe die Mündigkeitsausbildung ihrer Klientel, da sie durch fremdbestimmte Unterrichtsthemen, eine fehlende Beschwerdekultur und das mangelnde Leistungsprinzip unter Lehrkräften undemokratische Zwänge darstellt. In einer idealen, bewertungsfreien Schule ist Mündigkeitserziehung für Anika möglich. Im

113

unbefriedigenden *status quo* versucht Anika die Ziffernbewertung möglichst transparent zu gestalten, ist sich dabei aber der mangelnden Güte ihrer eigenen Bewertungen bewusst.

Elisabeths biografische Daten

Schule:	Gesamtschule
studierte Fächer:	Spanisch und Französisch
unterrichtende Fächer:	Spanisch und Französisch Deutsch (fachfremd)
Studium:	Sek 2
Jahre im Schuldienst (inkl. Referendariat):	11 Jahre
Geburtsjahr:	1987
Geschlecht:	weiblich

Elisabeths Case Summary

Elisabeth formuliert widersprüchliche Aussagen zum Spannungsfeld von Mündigkeitserziehung und Bewertung und weist somit eine unklare Positionierung auf. Einerseits nimmt sie ihre Bewertungsaufgabe insgesamt nur ungerne wahr und sieht besonders das Machtgefälle bei der Notengebung kritisch. Im Spannungsfeld ist ihr besonders wichtig, dass Lehrkräfte selbstkritisch mit ihrer Macht umgehen und Noten begründen können. Andererseits sagt sie an anderer Stelle, dass sie kein Spannungsfeld wahrnimmt. Ihr ambivalentes Verhältnis zum Spannungsfeld äußert sich außerdem in ihren Ausführungen zur Trennung von Lern- und Leistungsräumen. Diese betrachtet sie auf der theoretischen Ebene als potenzielle Auflösung des Spannungsfeldes, besonders wenn dies Schüler*innen transparent kommuniziert wird. Nachdem sie eine Trennung im Alltag als schwierig bezeichnet und insbesondere die mündliche Notengebung problematisiert, verkehrt sie den theoretischen Lösungsansatz in sein Gegenteil und betrachtet Lernprozesse und Mündigkeit als bewertungsrelevante Aspekte von Leistung. Sie erlebt ihre Schüler*innen als mündig und die Schule als demokratisch, auch im Rahmen der Bewertung, bei der Noten durchaus hinterfragt werden. In der Notengebung arbeitet Elisabeth mit Selbsteinschätzungen, räumt ihren Schüler*innen Mitspracherechte und Diskussionsmöglichkeiten ein und hat auch schon Noten nach einer Diskussion mit Schüler*innen geändert. Mündigkeit ist für Elisabeth kein handlungsleitender Begriff, stattdessen ist sie in ihrem erzieherischen Handeln durch Erziehung zur Selbstständigkeit und Mitwirkung geleitet. Gewaltloser Widerstand, Widerspruch und Hinterfragen sind für sie ebenso legitime Erziehungsziele für Schüler*innen. Allerdings zeigt sie auch beim Mündigkeitsbegriff Unsicherheiten.

Alyssas biografische Daten

Schule:	Gymnasium
studierte Fächer:	Deutsch und Biologie
unterrichtende Fächer:	Deutsch und Biologie Informatik (über einen Zertifikatskurs)
Studium:	Master of Education Gymnasium/Gesamtschule
Jahre im Schuldienst (inkl. Referendariat):	7 Jahre
Geburtsjahr:	1986
Geschlecht:	weiblich

Alyssas Case Summary

Für Alyssa existiert ein nicht ganz auflösbares, aber durch partizipative Notengebung beherrschbares Spannungsfeld zwischen Bewertung und Mündigkeit. Sie lässt ihre Schüler*innen bei den Bewertungskriterien mitgestalten, eröffnet bei der Notenvergabe Diskussionsspielräume und arbeitet insbesondere bei jüngeren Schüler*innen mit Selbstreflexionen. In seltenen Fällen geht sie so weit, dass sie ihr Bewertungsmonopol aufweicht und ihren Schüler*innen selbst die Notensetzung überlässt. Die Mündigkeitserziehung nimmt in Alyssas Selbstverständnis als Lehrerin, neben fachlichen und sozialen Aspekten, einen recht zentralen Platz ein. Mündigkeitserziehung bedeutet für Alyssa dabei die Anleitung zur Hinterfragung von Tatsachen, zur Reflexion und zum Perspektivenwechsel. Widerstand ist für sie als Teil der Mündigkeitsausbildung akzeptabel, solange er sich in gewissen Konventionen bewegt. Die Schule hält sie als zentralen Ort der Mündigkeitserziehung für geeignet. Mit der an sie gestellten Bewertungsaufgabe kann sie sich insgesamt gut identifizieren und sieht sie als notwendigen Bestandteil einer Leistungsgesellschaft.

Anjas biografische Daten

Schule:	Gesamtschule
studierte Fächer:	Englisch und Deutsch
unterrichtende Fächer:	Englisch und Deutsch Religion (über einen Zertifikatskurs)
Studium:	Sek 1
Jahre im Schuldienst (inkl. Referendariat):	32 Jahre
Geburtsjahr:	1961
Geschlecht:	weiblich

Anjas Case Summary

Anja nimmt keine negativen Interferenzen im Spannungsfeld von Mündigkeit und Bewertung wahr. Insgesamt zeichnet sie ein Bild einer äußert demokratischen Schule, von Freiheiten bei der Themenwahl, über selbstgewählte Forscher*innenprojekte, selbstgesteuertes Lernen bis hin zur freien Meinungsäußerung. Ein theoretischer Schulzwang und Interferenzen mit der Bewertungsfunktion werden damit praktisch aufgelöst. Anjas Mündigkeitsverständnis hat einen einseitig anpassend-reifenden und autoritätentreuen Charakter. Für Anja sind die Schüler*innen der summativen Bewertungsfunktion der Schule, mit der sie sich klar identifiziert, nicht ausgeliefert, weil der Bewertungsauftrag und -vorgang transparent ist und die Schüler*innen in der Schule als aktive Subjekte ihr eigenes Schicksal in der Hand haben. Zudem gibt es in ihren Augen genügend Fächer, in denen Mündigkeit im Vordergrund steht. Anja ermöglicht in gewissem Rahmen Mitspracherechte bei ihrer Notengebung, scheint damit aber primär ihrer eigenen Unsicherheit vorzubeugen. Insgesamt würde sie lieber mit Textzeugnissen als mit Notenzeugnissen arbeiten, insbesondere weil letztgenannte nicht alle Facetten der Schüler*innen erfassen können.

Stefans biografische Daten

Schule:	Gesamtschule
studierte Fächer:	Mathematik und Musik
unterrichtende Fächer:	Mathematik und Musik Technik und Religion (als Zertifikatskurs) BNE (fachfremd)
Studium:	Sek 1
Jahre im Schuldienst (inkl. Referendariat):	24 Jahre
Geburtsjahr:	1968
Geschlecht:	männlich

Stefans Case Summary

Stefan sieht durch seine transparenten und fairen Noten grundsätzlich keine Spannungen zwischen Mündigkeitserziehung und Bewertung. Diese können nur aufkommen, wenn Schüler*innen seiner Bewertung gegenläufige Meinungen äußern oder sich eine „gute Note erschleichen" (I 6, S. 1: 17) wollen und damit die Schüler*innen-Lehrkraft-Beziehung stören. Seine Noten betrachtet er als objektiv nachvollziehbar, unter anderem durch bestimmte Marker oder die Unterteilung in Teilbereiche. Er räumt zwar Raum für Diskussionen über Bewertungen, Noten und Meinungen durch Schüler*innen ein, betrachtet seine Bewertungen jedoch grundsätzlich als nicht verhandelbar. Die Schule schätzt Stefan persönlich als sehr demokratischen Raum, in dem sich Schüler*innen und Lehrkräfte auf Augenhöhe befinden, explizit auch bei der Leistungsbewertung, bei der Schüler*innen durch Beratungen und Reflexionen den Noten nicht ausgeliefert sind. Mündigkeit versteht er als Ausbildung von Selbstständigkeit, Reflektionsfähigkeit und als Erwachsenwerden. Widerstand stellt für Stefan in der Mündigkeitserziehung ein ausschließlich störendes Produkt der Pubertät dar, den es auszuhalten gilt und der nur in sehr dosierten Maßen akzeptabel ist.

Reiners biografische Daten

Schule:	Gesamtschule
studierte Fächer:	Geschichte und katholische Theologie Sonderpädagogik
unterrichtende Fächer:	katholische Religion Einsatz als Sonderpädagoge
Studium:	Sek 2 Sonderpädagogik
Jahre im Schuldienst (inkl. Referendariat):	33 Jahre
Geburtsjahr:	1959
Geschlecht:	männlich

Reiners Case Summary

Der Sonderpädagoge und Fachlehrer Reiner betrachtet das Verhältnis zwischen Bewertung und Mündigkeitserziehung als spannungsbehaftet, jedoch nicht als widersprüchlich. Reiner betrachtet die Mündigkeitsausbildung konsequent aus der Perspektive der Schüler*innen heraus. Er verwehrt sich zwar nicht grundsätzlich der Möglichkeit einer Mündigkeitserziehung durch die Schule, für ihn ist Mündigkeitsausbildung aber primär ein individueller Prozess, der gewiss institutionell gefördert werden, aber auch erfolgreich gegen die Zwänge der Schule durchlaufen werden kann. Normenvermittlung selbst bezeichnet er als im gewissen Sinne entmündigend. Am Beispiel von LRS zeichnet er nach, dass die Schule automatisch entmündigende Entscheidungen trifft und dabei Fehler macht. Den Anspruch der Schule, zu Mündigkeit zu erziehen, betrachtet Reiner als dialektisches Verhältnis zwischen Anpassung und Widerstand. Für ihn steht fest, dass dem Spannungsfeld an jedem Tag im Unterricht Rechnung getragen werden muss, gerade weil es praktisch nie wirklich auflösbar ist. Das Spannungsfeld von Mündigkeit und Bewertung verortet Reiner in den drei großen schulischen Aufträgen: Bildung, Erziehung und Selektion. Jegliches

Problematisieren der Bewertungs- und Selektionsfunktion oder das Nachdenken über hypothetische Systeme ohne Bewertung scheitern für Reiner letztendlich daran, dass die schulische Selektionsaufgabe der unabänderlichen gesellschaftlichen Erwartung nach Selektion entspringt.

Isoldes biografische Daten

Schule:	Gymnasium
studierte Fächer:	Englisch und Spanisch Russisch (Sek 1)
unterrichtende Fächer:	Englisch und Spanisch
Studium:	Sek 2
Jahre im Schuldienst (inkl. Referendariat):	31 Jahre
Geburtsjahr:	1963
Geschlecht:	weiblich

Isoldes Case Summary

Für Isolde besteht zwischen Mündigkeitserziehung und Bewertung kein Widerspruch. Das liegt im Wesentlichen daran, dass sie ihren grundsätzlichen Anspruch, zu Mündigkeit zu erziehen, aufgegeben hat und ihren Auftrag als Lehrerin an ihrer Schule auf den Fachunterricht reduziert. Über weite Strecken des Interviews zeichnet Isolde aus verschiedenen Perspektiven ihre Kapitulation vor den Schüler*innen nach, die in ihren Augen, bis auf vereinzelte Ausnahmen, keine Grundlage für eine Mündigkeitserziehung vorweisen. Sie hebt dabei insbesondere die muslimische Lebenspraxis als Verhinderer einer erfolgreichen Mündigkeitserziehung hervor. Isolde zeichnet ein stark negativ geprägtes Bild ihrer eigenen Schüler*innenklientel und deren Familien und grenzt sich klar von der kulturellen Lebensrealität ihrer Schüler*innen ab. Die Unfähigkeit ihrer eigenen Klientel zur Mündigkeitserziehung macht Isolde an verschiedensten Punkten fest, unter anderem an dem fehlendem Realitätssinn ihrer Schüler*innen, an der fehlenden Kompatibilität mit ihrer eigenen Lebenswelt, an der Fokussierung auf den muslimischen Glauben, an der Existenz starker Autoritäten im Islam, an einer generellen Perspektivenarmut, an den fehlenden Bildungsaspirationen des Elternhauses, an einer fehlenden Bereitschaft zur Perspektiverweiterung und an einer grundsätzlichen Bequemlichkeit. Grundsätzlich sieht sie die Familie als zentrale Instanz, um die Grundlagen der Mündigkeitserziehung auszubilden. Ohne die Mitarbeit der Familien ist Mündigkeitserziehung in der Schule nicht möglich. Bei der Notenvergabe sieht sie kein Mitspracherecht für ihre Schüler*innen, sondern eine reine Mitteilungspflicht. Die Notenvergabe betrachtet sie als Kerngeschäft, dessen Praxis sie nicht problematisiert und auch nicht davor scheut, das gesamte Notenspektrum auszunutzen.

Interviewleitfaden für Lehrkräfteinterviews "Du"

Name:_____

Biografische Daten

studierte Fächer:		Jahre im Schuldienst:	
		Jahre an der Schule:	
unterrichtend		Geburtsjahr:	
studiertes Lehramt		Geschlecht:	

1. Einstiegsfrage

"Als Lehrer*in hast Du auf der einen Seite die Aufgabe, deine Schülerinnen und Schüler zu mündigen Bürger*innen zu erziehen. Auf der anderen Seite musst Du deine Schülerinnen und Schüler aber auch bewerten. Du musst also zwei Aufgaben wahrnehmen, die zueinander im Widerspruch stehen: Mündigkeitserziehung und Bewertung. Mich interessiert, wie du mit dieser Spannung umgehst."

_____

_____

_____

_____

_____

Rückfragen:

- Fühlt sich Bewertung für dich wie ein **Damoklesschwert** an?
- Steht die **Bewertungsfunktion in deinem Unterrichtsalltag für dich schon an sich im Widerspruch** mit der Aufgabe, zu Mündigkeit zu erziehen
- Auswege aus dem Dilemma: Denkst Du, der Widerspruch von Bewertung und Mündigkeitserziehung ist **(praktisch) auflösbar?**

124

2. Mündigkeitserziehung in einer Zwangsinstitution

"Schon Immanuel Kant hat auf das Paradox hingewiesen, in einer Zwangsinstitution Mündigkeit ausbilden zu wollen. Wie ist es für Dich, Mündigkeit in einer Institution auszubilden, die nicht auf Freiwilligkeit beruht?"

_____

_____

_____

_____

mögliche Rückfragen:

- **Verständnis von Mündigkeit:** Was bedeutet es für Dich, einen Schüler zu Mündigkeit zu erziehen
- Zu Beginn sagte ich, Mündigkeit sei das **höchste Bildungs- und Erziehungsziel** in der Schule ist. Wie siehst du das?
- **Erziehung zum Widerstand:** Adorno hat mal gesagt, dass Schule zum Widerstand erziehen soll. Was denkst du darüber?
- Mündigkeitserziehung bedeutet nicht nur die Vorbereitung von Jugendlichen auf die Gesellschaft, sondern auch das Rüstzeug, die Gesellschaft hinterfragen zu können. Wie siehst du das?
- Würdest du sagen, Deine **Schüler*innen erleben Schule als demokratische Institution?**

3. Bewertung als "Damoklesschwert"

_____

_____

_____

_____

mögliche Rückfragen:

- Wie nimmst du deine Bewertungsaufgabe an der Schule wahr?
- Welche **Mitspracherechte** haben deine Schülerinnen und Schüler bei der Bewertung?